French GCSE Speaking Controlled Assessment

Your Malvern Guide

Val Levick
Glenise Radford
Alasdair McKeane

CONTENTS

Introduction i

Opinions and Justifications 1
    Opinions 1
    Justifications 1
    Neutral Comments 2

Essentials 3
    Essential Questions 3
    Important Questions 3
    Useful Questions 3
    Miscellaneous 3
    While you think what to say 3
    If you have Difficulties 4
    Describing Things and People 4
    Personal Identification 4
    School 6
    At Home in the Evening 7
    Part-time Jobs, Work Experience and Pocket Money 7
    Discussing a Show 8
    Shopping 8
    Eating and Drinking 10
    Asking Directions 12

Tasks: Lifestyle 13
    Relationships with Family and Friends 13
    Future Plans 14
    Teenage Problems 15
    Differences between the UK and France 16
    Healthy and Unhealthy Lifestyles 17

Tasks: Leisure 18
    Your Free Time 18
    Media 19
    Sport 20
    Shopping 21

New Technologies	22
A Good Holiday or Day Trip	23
Holidays	24
What to see and getting around	25

Tasks: Home and Environment — 26

Your Home and Local Area	26
Your House and Garden	27
City Life	28
Your Area and its Environmental Problems	29
Being Environmentally Friendly	30
Special Occasions – Home and Family	31

Tasks: Work and Education — 32

Routines at School	32
School Life in the UK	33
Your Plans for Next Year	34
Your Part-time Job	35
Work Experience	36
A Job Interview	37

Improving Your Language — 38

When?	38
Phrases for talking about the past	38
Phrases for talking about the future	39
How did you do that?	39
Where?	40
What did we have to eat and drink?	41
Sequences	41
Conclusions	41
Using different tenses	42

Topic Index — 44

INTRODUCTION

This book aims to help you with your **Controlled Assessments** for GCSE French Speaking. These will be conducted by your school or college and it is very likely that an **audio recording** will be made. Your teacher will submit marks from two Controlled Assessments for each student.

Most boards expect a Speaking Controlled Assessment to last 4-6 minutes. The exact requirements vary a little, depending on which exam board you are taking, so check the exact details with your teacher. Knowing what to expect is half the battle.

For each Controlled Assessment you will be given a **task**. This may be in the form of a **Conversation**, a **Presentation and Discussion**, an **Interview**, or a **Role-play**. As well as the task your teacher will give you some **supervised preparation** time. During the supervised preparation time you are allowed to prepare brief **notes** (30-40 words) to help you, but exactly what the notes may contain varies from exam board to exam board, so check carefully!

Some tasks will stick to a particular **topic**, others may cover a variety of topics. The exam boards have published possible tasks. In this book you will find possible answers and some variations for a range of tasks to help you prepare your Controlled Assessment. We have generally kept to one topic per page, and you should be prepared to adapt the information to suit you. So if the task you have been given covers more than one topic you may need to consult our **topic index** on page 44.

This book is in four sections.

In the **Opinions and Justifications** section you will find straightforward opinions and justifications. In the mark schemes for Controlled Assessment, at Grade F the boards insist on simple opinions, (*good, bad, boring*) and a wider range of opinions for grade C. Justifications of those opinions need to be made for access to higher grades. So a good knowledge of this section is **really important**.

In the **Essentials** section you will find French questions and phrases you may need to use or understand. They are useful for role-plays, but also to help you ask questions if you do not understand something during the test.

The **Tasks** section has suggestions for topics which you may wish to prepare. For Presentation and Discussion, you should aim for 2 minutes' presentation, and be prepared to discuss the topic with your teacher for a further 4 minutes. Conversations, Interviews and Role-plays involve responding (preferably at some length) to questions your teacher asks. Avoid Yes or No on its own as an answer – Say, *Oui, et je ...* or *Non, mais je ...* . One-word answers score low marks, so aim to answer using one or more sentences with a range of connectives, adverbs and adjectives.

The **Improving your language** section is aimed at making what you say more interesting. Phrases which extend the variety and range of structures and vocabulary in your French are included. This section will benefit candidates at all levels.

Mark schemes usually reward fluency, an ability to cope with unexpected questions, use of opinions, justifications and explanations, appropriate use of a wide range of structures and a variety of verb tenses, a wide range of vocabulary, as well as pronunciation and intonation.

This book is intended to help you do well. Merely owning it will not help you! Reading, learning, adapting and practising its contents will. *Bonne chance et bon courage!*

OPINIONS AND JUSTIFICATIONS

Opinions

What's your opinion?	Quel est ton avis?
What's your opinion?	Quel est votre avis?
I like	J'aime
I don't like	Je n'aime pas
I love	J'adore
I hate	Je déteste
I hate …	J'ai horreur de …
I prefer	Je préfère
I prefer	J'aime mieux
I suppose so	Je suppose que oui
I agree	Je suis de ton avis
I agree	Je suis de votre avis
I quite agree	Je suis d'accord
You are right	Tu as raison
You are right	Vous avez raison
I think that …	Moi, je pense que …
I think so	Je crois que oui
I must admit that …	Je dois admettre que
I don't know	Je ne sais pas
In my opinion …	A mon avis
To be honest …	A vrai dire
It's possible	C'est possible
That depends	Cela dépend
They say that …	On dit que …
Certainly	Bien sûr
Most people agree	La plupart des gens sont d'accord
Everyone is agreed	Tout le monde est d'accord
I don't think so	Je ne crois pas
You are wrong	Tu as tort
I don't agree	Je ne suis pas d'accord
I blame …	A mon avis, c'est la faute de …
I can't stand …	Je ne supporte pas …
I'm fed up with it	J'en ai marre
On the contrary	Au contraire
Too bad!	Tant pis!
So much the better!	Tant mieux!

Justifications

I like it because: **Je l'aime parce que:**

it's amusing	c'est amusant
it's delicious	c'est délicieux
it's easy	c'est facile
it's interesting	c'est intéressant
it's fascinating	c'est passionnant
it's wonderful	c'est superbe
it's useful	c'est utile
it amuses me	ça me divertit
it makes me laugh	ça me fait rire
it interests me	ça m'intéresse
it fascinates me	ça me passionne
I like it	ça me plaît
it's worth it	ça vaut la peine
he's nice	il est sympa
she's nice	elle est gentille

I don't like it as: **Je ne l'aime pas car:**

it's complicated	c'est compliqué
it's disgusting	c'est dégoûtant
it's difficult	c'est difficile
it's annoying	c'est embêtant
it's annoying	c'est énervant
it's boring	c'est ennuyeux
it's horrible	c'est horrible
it's unbelievable	c'est incroyable
it's absolutely disgusting	c'est infect
it's awful	c'est pénible
it's too expensive	c'est trop cher
it's too complicated	c'est trop compliqué
it's too short	c'est trop court
it's too difficult	c'est trop difficile
it's too far away	c'est trop loin
it's too long	c'est trop long
it's a waste of time	c'est une perte de temps
it doesn't interest me	c'est sans intérêt pour moi
ce n'est pas pratique	it's not practical

Neutral Comments

it irritates me..................ça m'agace
it annoys me...................ça m'embête
it gets on my nerves......ça m'énerve
it bores me ....ça m'ennuie

It makes me tired ....Ça me fatigue
It doesn't suit me ....Ça ne me va pas
I'm not keen (on it).......Ça ne me dit rien
It's not much good........Ça ne vaut pas
                                           grand-chose

I have no money ....Je n'ai pas d'argent
I haven't time................Je n'ai pas le temps
I've had enough ....J'en ai assez
It's not possible ....Ce n'est pas possible

Neutral Comments

I'm not bothered .... Ça m'est égal
It doesn't matter .... Ça ne fait rien
Don't mention it .... De rien
Don't mention it .... Il n'y a pas de quoi
Don't mention it .... Je vous en prie
There's no harm done... Il n'y a pas de mal
It's about … .... Il s'agit de …
Don't worry .... Ne t'en fais pas
Let's forget it .... N'en parlons plus
It doesn't matter .... N'importe
We'll see....................... On verra
Perhaps .... Peut-être
Without doubt............... Sans doute
I haven't the faintest idea
                    .... Je n'ai pas la moindre idée
I thought so................... Je m'en doutais
No way .... Sous aucune circonstance

ESSENTIALS

Essential Questions

Why?............................ Pourquoi?
When?.......................... Quand?
Where?......................... Où?
What? (subject)............ Qu'est-ce qui?
What? (object) .... Qu'est-ce que?
Who? .... Qui?
How much?................... Combien (de)?
How many?................... Combien (de)?
How?............................ Comment?
Is there …?.................... Y a-t-il …?
Are there …? .... Y a-t-il …?
Do you, etc?................. Est-ce que ...?

Important Questions

What is ... like?............. Comment est...?
Where ... from?............. D'où?
Where exactly? .... Où ça?
Where is …?................. Où est …?
Can we...? .... Peut-on...?
May I...? Can I...? .... Puis-je...?
What?............................ Quoi?
What?............................ Que?
Which?.......................... Quel, Quels? (m)
Which?.......................... Quelle, Quelles? (f)

Useful Questions

At what time? .... A quelle heure?
What does it cost?........ Ça coûte combien?
How much is it?............ C'est combien?
How much is that? .... Ça fait combien?
How do you spell it?.... Ça s'écrit comment?
How are you?................ Ça va?
Are you OK?................. Ça va?
What day is it? .... C'est quel jour?
How long? .... Combien de temps?
How do you say … in French?
        .... Comment dit-on … en français?
What's your name?
        .... Comment t'appelles-tu?

For how long? .... Depuis quand?
What colour?................ De quelle couleur?
Where from? .... De quelle direction?
What's it about?........... De quoi s'agit-il?
Could I ...? .... Est-ce que je pourrais ...?
How long for? .... Pour combien de temps?
How old are you?.......... Quel âge as-tu?
What's the date today?
        .... Quelle est la date aujourd'hui?
What time is it?............ Quelle heure est-il?
What is it?.................... Qu'est-ce que c'est?
What does … mean?.... Que veut dire …?
What's happening? ...... Qu'est-ce qui se passe?
What's the matter?....... Qu'est-ce qu'il y a?
How often?................... Tous les combien?

What did you do?......... Qu'est-ce que tu as fait?
Who did you see yesterday?
        .... Qui as-tu vu hier?
How did you get here?
        .... Comment es-tu venu(e)?
How many times have you been to France?
        .... Combien de fois as-tu visité la France?

Miscellaneous

Here is ... . Voici ...
Here it is........................ Le/La voici
Here are ... . Voici ...
Here they are................ Les voici
There is ... . Voilà ...
There it is .... Le/La voilà
There are ... . Voilà ...
There they are .... Les voilà
There is/There are .... Il y a

While you think what to say

That's an interesting question
        .... C'est une question interessante
Let me see .... Voyons
Now then...................... Alors
Well............................... Bien/Eh bien

If you have Difficulties

(In this section *vous* forms are given)

I'm sorry, but I don't understand	Je regrette, mais je ne comprends pas
Would you repeat that, please?	Voulez-vous répéter cela, s'il vous plaît?
Speak more slowly, please	Parlez plus lentement, s'il vous plaît
I've forgotten the word for …	J'ai oublié le mot pour …
How do you say … in French, please?	Comment dit-on … en français, s'il vous plaît?
Can you explain that, please?	Pouvez-vous m'expliquer cela, s'il vous plaît?
Can you help me, please?	Pouvez-vous m'aider, s'il vous plaît?
What does that mean?	Qu'est-ce que cela veut dire?

Describing Things and People

It's a sort of …	C'est une sorte de …
It's a bit like …	C'est un peu comme …
It's bigger/smaller than …	C'est plus grand/petit que …
It's as big/small as …	C'est aussi grand/petit que …

What does he/she look like?	Comment est-il/elle? De quoi a-t-il/elle l'air?
He/She seems nice	Il/Elle a l'air gentil
He/She is well-dressed	Il est bien habillé/Elle est bien habillée
She seems unhappy	Elle semble malheureuse
He has black hair and brown eyes	Il a les cheveux noirs et les yeux marron
She is wearing school uniform	Elle porte l'uniforme scolaire

Personal Identification

(In this section *tu* and *vous* forms are given)

What is your name?	Comment t'appelles-tu?
	Comment vous appelez-vous?
What is your first name?	Quel est ton/votre prénom?
What is your surname?	Quel est ton/votre nom de famille?
My name is …	Je m'appelle …
What nationality are you?	De quelle nationalité es-tu/êtes-vous?
I am English/British	Je suis anglais(e)/britannique
I am Irish/Scottish/Welsh	Je suis irlandais(e)/écossais(e)/gallois(e)
How old are you?	Quel âge as-tu/avez-vous?
I am 15/16	J'ai quinze/seize ans
When is your birthday?	C'est quand ton/votre anniversaire?
When is your birthday?	Quelle est la date de ton/votre aniversaire?
My birthday is 30th November	Mon anniversaire est le trente novembre
What is your date of birth?	Quelle est ta/votre date de naissance?
I was born on 21st June 1997	Je suis né(e) le vingt et un juin, dix-neuf cent quatre-vingt-dix-sept

Essentials   *Personal Identification*

In which year were you born?	En quelle année es-tu/êtes-vous né(e)?
I was born in 1996	Je suis né(e) en dix-neuf cent quatre-vingt-seize
Where do you come from?	D'où viens-tu? D'où venez-vous?
I come from London/Edinburgh	Je viens de Londres/d'Edimbourg
Where do you live?	Où habites-tu? Où habitez-vous?
I live in Malvern	J'habite à Malvern
How long have you lived in Malvern?	Depuis quand habites-tu à Malvern?
How long have you lived in Malvern?	Depuis combien de temps habitez-vous à Malvern?
I have lived there for ten years	J'y habite depuis dix ans
What is your address?	Quelle est ton/votre adresse?
I live at 302, Church Street	J'habite 302, Church Street
What is your phone number?	Quel est ton/votre numéro de téléphone?
My phone number is 57-74-33	Mon numéro de téléphone est le cinquante-sept, soixante-quatorze, trente-trois
What is your email address?	Quel est ton/votre adresse électronique?
My email address is …	Mon adresse électronique est …
What is your mobile number?	Quel est ton/votre numéro de portable?
My mobile number is …	Mon numéro de portable est …
Have you got any brothers or sisters?	As-tu/Avez-vous des frères ou des sœurs?
I have a brother. His name is Paul	J'ai un frère. Il s'appelle Paul
He is older than I am. He is 22	Il est plus âgé que moi. Il a vingt-deux ans
I have a sister	J'ai une sœur
She is 13. She is younger than I am	Elle a treize ans. Elle est plus jeune que moi
What does your father do?	Que fait ton/votre père dans la vie?
He is a builder	Il est maçon
What does your mother do?	Que fait ta/votre mère dans la vie?
She is a nurse	Elle est infirmière
My brother is married	Mon frère est marié
My sister is single/engaged	Ma sœur est célibataire/fiancée
My parents are separated/divorced	Mes parents sont séparés/divorcés
My mother is a widow	Ma mère est veuve
My father is dead	Mon père est décédé
My sister shares a flat with her friends	Ma sœur partage un appartement avec ses copines
My brother shares a house with friends	Mon frère partage une maison avec des copains
I have a step-father	J'ai un beau-père
I have a step-mother	J'ai une belle-mere
I have a half-brother	J'ai un demi-frère
I have two half-sisters	J'ai deux demi-sœurs

School

(Given in *tu* form only in this section)

What time do you get up?	A quelle heure te lèves-tu?
I get up at 7.00	Je me lève à sept heures
What time do you leave home in the morning?	A quelle heure quittes-tu la maison le matin?
I leave home at 8.15	Je quitte la maison à huit heures et quart
How do you get to school?	Comment viens-tu au collège?
I come by bus/car/train/bike	Je viens en bus/en voiture/en train/à vélo
My brother walks to school	Mon frère va à l'école à pied
We live 2 km from school	Nous habitons à 2 kilomètres du collège
It takes me 25 minutes to walk	Je mets vingt-cinq minutes à pied
What time do you arrive at school?	A quelle heure arrives-tu au collège?
I arrive at school at 20 to 9	J'arrive au collège à neuf heures moins vingt
When do lessons start?	Les cours commencent à quelle heure?
Lessons start at 9.00	Les cours commencent à neuf heures
When is your lunch time?	A quelle heure est le déjeuner?
Lunch time is at 12.30	Le déjeuner est à midi et demi
When does school end?	L'école finit à quelle heure?
School ends at 3.40	L'école finit à quatre heures moins vingt
What time do you get home?	A quelle heure arrives-tu à la maison?
I get home at 4.10	J'arrive chez moi à quatre heures dix
What time do you go to bed?	A quelle heure te couches-tu?
I go to bed at 10.30	Je me couche à dix heures et demie

How many lessons do you have each day?	Tu as combien de cours par jour?
We have six lessons a day	Nous avons six cours par jour
How long do your lessons last?	Tes cours durent combien de temps?
Our lessons last 50 minutes	Nos cours durent cinquante minutes
What is your favourite subject?	Quelle est ta matière préférée?
My favourite lesson is French	Ma matière préférée est le français
Which subject do you dislike?	Quelle matière n'aimes-tu pas?
I can't stand History	Je déteste l'histoire
I find German very difficult	Je trouve l'allemand très difficile
The grammar is difficult	La grammaire est difficile
My sister likes PE best	Ma sœur préfère l'éducation physique
What do you do during break?	Que fais-tu pendant la récréation?
I talk to my friends during break	Je discute avec mes ami(e)s pendant la récréation
Do you eat in the canteen at midday?	Est-ce que tu manges à la cantine à midi?
What do you eat at lunch time?	Qu'est-ce que tu manges à midi?
I have sandwiches at midday	Je mange des sandwiches à midi
How many weeks' summer holiday do you get?	Combien de semaines de vacances as-tu en été?
We have six weeks' holiday in summer	Nous avons six semaines de vacances en été
When does school start again?	Quand est la rentrée (des classes)?

We go back on September 6th	Pour nous la rentrée (des classes) est le 6 septembre
Do you have a lot of homework?	As-tu beaucoup de devoirs?
Yes, I think we get too much homework	Oui, je crois qu'on nous donne trop de devoirs
How long does it take?	Ça te prend combien de temps?
I do two hours' homework each evening	J'ai deux heures de devoirs tous les soirs

At Home in the Evening

Do you help to prepare the evening meal?	Est-ce que tu aides à préparer le repas du soir?
No, but I have to clear the table	Non, mais je dois débarrasser la table
I load the dishwasher	Je remplis le lave-vaisselle
What do you do in the evening?	Que fais-tu le soir?
I do my homework and listen to music in the evening	Le soir je fais mes devoirs et j'écoute de la musique
Do you watch TV in the evening?	Est-ce que tu regardes la télévision le soir?
Yes, sometimes	Oui, de temps en temps
What do you use your laptop for?	A quoi te sert ton ordinateur?
I like to watch my favourite groups on YouTube	J'aime regarder mes groupes préférés sur YouTube
I look up all sorts of information	Je fais toutes sortes de recherches

Part-time Jobs, Work Experience and Pocket Money

(Given in *tu* form only in this section)

Do you have a Saturday job?	As-tu un un petit job/travail/boulot le samedi?
Yes, I work on Saturdays	Oui, je travaille le samedi
No, I don't have a Saturday job	Non, je ne travaille pas le samedi
Where do you work?	Où travailles-tu?
I work in a shop	Je travaille dans un magasin
What is your job?	Que fais-tu?
I am a sales assistant	Je suis vendeur/vendeuse
When do you start work?	A quelle heure est-ce que tu commences?
I start at 8.00 am	Je commence à huit heures du matin
I work seven hours every Saturday	Je travaille sept heures tous les samedis
How much do you earn an hour?	Tu gagnes combien de l'heure?
I earn £4.00/£5.00 per hour	Je gagne quatre/cinq livres de l'heure
What time do you finish work?	A quelle heure finis-tu le travail?
I finish (work) at 4.30	Je finis (le travail) à quatre heures et demie
I do baby sitting for my neighbours	Je garde les enfants de mes voisins
Last year I did work experience in a factory	L'année dernière j'ai fait un stage dans une usine
My parents give me pocket money	Mes parents me donnent de l'argent de poche
My parents don't give me pocket money	Mes parents ne me donnent pas d'argent de poche
What do you do with your money?	Qu'est-ce que tu fais avec ton argent?
I am saving up for a computer	Je fais des économies pour acheter un ordinateur
I am saving up for the holidays	Je fais des économies pour les vacances
I like buying clothes/computer games	J'aime acheter des vêtements/des jeux électroniques

Discussing a Show *Essentials*

Discussing a Show

What did you think of the film/concert?	Comment as-tu trouvé le film/le concert?
The film/concert was marvellous/interesting	Le film/Le concert était merveilleux/intéressant
The play was boring/awful	La pièce était ennuyeuse/affreuse
In my opinion it was too long and too serious	A mon avis c'était trop long et trop sérieux
Did you see the latest film?	As-tu vu le dernier film?
the character played by ...	le personnage joué par ...
Who is your favourite actor?	Qui est ton acteur favori?
My favourite actor is ...	Mon acteur favori/Mon actrice favorite est ...
Who is your favourite singer?	Qui est ton chanteur favori?
My favourite singer is ...	Mon chanteur favori/Ma chanteuse favorite est ...
Which group do you like best?	Quel groupe préfères-tu?
I like ... best	Je préfère ...

Shopping

(In this section *vous* forms are given)
You will say:

Is there a post-office near here, please?	Y a-t-il un bureau de poste près d'ici, s'il vous plaît?
How do I get to the bank, please?	Pour aller à la banque, s'il vous plaît?
Do you sell ...?	Vendez-vous ...?
May we look round?	On peut regarder?
I'm just looking	Je ne fais que regarder
Please could you tell me where I can buy ...?	Pouvez-vous me dire où je pourrais acheter ...?
I would prefer ...	Je préférerais ...

Paying:

How much is it?	Ça coûte combien?
How much do I owe you?	Je vous dois combien?
Do I have to pay at the till?	Faut-il passer à la caisse?
May I pay by credit card?	Est-ce que je peux payer par carte de crédit?
Can I use a Visa® card?	Est-ce que je peux utiliser la carte Visa®?
Have you got change for 20 euros?	Avez-vous la monnaie de vingt euros?
I've only got a 50 euro note	Je n'ai qu'un billet de cinquante euros

You will hear:

Who is next?	C'est à qui maintenant?
May I help you?	Puis-je vous aider?
Anything else?	Et avec ça?
Is that all you need?	C'est tout ce qu'il vous faut?
I'm sorry, we haven't got any	Je regrette, nous n'en avons pas
Have you got any change?	Avez-vous de la monnaie?
What is your size? (Clothes)	Quelle est votre taille?
What size do you take? (Shoes)	Quelle pointure faites-vous?

Shopping

Food
Do you have any bread/meat/olive oil/eggs?	Est-ce que vous avez **du** pain/**de la** viande/**de l'**huile d'olive/**des** œufs?
Have you got a small packet of coffee?	Avez-vous un petit paquet de café?
I would like three peaches, please	Je voudrais trois pêches, s'il vous plaît
Give me a kilo of apples, please	Donnez-moi un kilo de pommes, s'il vous plaît
I'll take two tins of sardines	Je prendrai deux boîtes de sardines
I'd like 250 grammes of chocolate	Je voudrais 250 grammes de chocolat
No thank you, I won't take that	Non, merci, je ne prends pas cela

Amounts and quantities
100 grammes of …	cent grammes de …
500 grammes of cherries	cinq cents grammes de cerises
a kilo of potatoes	un kilo de pommes de terre
a bottle of …	une bouteille de …
a jar of …	un pot de …
a packet/tin of biscuits	un paquet/une boîte de biscuits
a piece of cake	un part de gâteau
a slice of ham	une tranche de jambon
The oranges are 50 cents each	Les oranges coûtent cinquante cents la pièce

Clothes
What size is it?	C'est quelle taille?
I am size 14	Je fais du quarante
How much does that skirt cost, please?	Cette jupe coûte combien, s'il vous plaît?
Do you have it in a different colour?	Vous l'avez dans une autre couleur?
May I try on the blue pullover?	Est-ce que je peux essayer le pull bleu?
It's too big/small/tight/expensive	C'est trop grand/petit/étroit/cher
Do you have anything cheaper?	Vous n'avez rien de moins cher?
I'll take these socks	Je prendrai ces chaussettes
I like the colour	J'aime la couleur

Shoes
Where is the shoe department, please?	Où est le rayon des chaussures, s'il vous plaît?
I would like to try on these black shoes, please	Je voudrais essayer ces chaussures noires, s'il vous plaît
I take size 6	Je fais du trente-neuf
They are too tight	Elles sont trop étroites
I prefer the blue sandals	Je préfère les sandales bleues

Presents and souvenirs
Have you got a town plan, please?	Avez-vous un plan de la ville, s'il vous plaît?
Do you sell postcards?	Est-ce que vous vendez des cartes postales?
What is the price of this book, please?	A quel prix est ce livre, s'il vous plaît?

Eating and Drinking — *Essentials*

I would like to buy a black leather handbag .... Je voudrais acheter un sac en cuir noir
May I see the bag which is in .... Est-ce que je peux regarder le sac qui est dans
   the window on the left? .... la vitrine à gauche?
It's for a present .... C'est pour offrir
Will you gift-wrap it, please? .... Voulez-vous en faire un paquet-cadeau,
   s'il vous plaît?

Problems
I think there is a mistake .... Je crois qu'il y a une erreur
The colour does not suit me .... La couleur ne me va pas
I have kept the receipt .... J'ai gardé le reçu
I would like to change this bag .... Je voudrais échanger ce sac
These socks are not the same colour .... Ces chaussettes ne sont pas de la même couleur

Eating and Drinking
(In this section *vous* and some *tu* forms are given)
In a café
How do I get to the Café de la Poste, please? ..... Pour aller au Café de la Poste, s'il vous plaît?
I've promised to meet my penfriend there .... J'ai promis d'y retrouver mon correspondant/
   ma correspondante
Let's go for a drink .... Allons prendre un verre
I'll buy you a drink .... Je t'invite
I'm paying .... C'est moi qui paie
Waiter! .... Monsieur!
Waitress! .... Mademoiselle! Madame!
What will you have? .... Qu'est-ce que vous prenez/tu prends?
What would you like to drink? .... Qu'est-ce que vous voulez/tu veux boire?
Do you wish to order? .... Vous voulez commander?
I would like a bottle of lemonade, please .... Je voudrais une bouteille de limonade, s'il vous plaît
I would like an ice cream, please .... Je voudrais une glace, s'il vous plaît
Anything else? .... Et avec ça?
Is that all you need? .... C'est tout ce qu'il vous faut?
Have you got any crisps, please? .... Avez-vous des chips, s'il vous plaît?
Do you sell sandwiches? .... Vendez-vous des sandwiches?
What sort of sandwiches have you got? .... Qu'est-ce que vous avez comme sandwiches?
Have you got any cheese sandwiches, please? .... Avez-vous des sandwiches au fromage,
   s'il vous plaît?
How much is a ham sandwich? .... C'est combien, un sandwich au jambon?
How much do I owe you? .... Je vous dois combien?
Is the service charge included? .... Le service est compris?

Essentials   *Eating and Drinking*

In a restaurant

Do you have a table for four?	Avez-vous une table pour quatre?
What name is it?	C'est à quel nom?
I've reserved a table in the name of Robert	J'ai réservé une table au nom de Robert
I'd like a table near the window/on the terrace, please	Je voudrais une table près de la fenêtre/en terrasse, s'il vous plaît
I'd like to see the menu, please	Je voudrais regarder la carte, s'il vous plaît
What do you recommend?	Qu'est-ce que vous me conseillez?
I recommend the fish	Je vous conseille le poisson
The dish of the day is ...	Le plat du jour est ...
I'll have the 20 euro menu	Je prendrai le menu à vingt euros
Have you decided?	Vous avez décidé?
I'd like to order now	Je voudrais commander maintenant
To start with, I'll have tomato salad	Pour commencer, je prendrai une salade de tomates
For the main course, I'd like steak and chips	Comme plat principal, je voudrais un steak-frites
What sort of vegetables do you have?	Qu'avez-vous comme légumes?
I like mushrooms	J'aime bien les champignons
I won't have spinach; I don't like spinach	Je ne prendrai pas les épinards; je n'aime pas les épinards
I'll have peas and carrots, please	Je prendrai des petits pois et des carottes, s'il vous plaît
For dessert I'll have ice cream	Comme dessert, je prendrai une glace
Which flavours do you have?	Quels parfums avez-vous?
I like chocolate ice cream best	Je préfère les glaces au chocolat
I'll have mineral water to drink	Comme boisson, je prendrai de l'eau minérale
May I have the bill, please	L'addition, s'il vous plaît

Difficulties

We need another fork	Il nous manque une fourchette
I ordered 20 minutes ago	J'ai commandé il y a vingt minutes
That's not what I ordered	Ce n'est pas ce que j'ai commandé
You have brought a vanilla ice cream, but I ordered a strawberry ice cream	Vous avez apporté une glace à la vanille, mais j'ai commandé une glace à la fraise
We would like some sugar, please	Nous voudrions du sucre, s'il vous plaît
The meat is underdone	La viande n'est pas assez cuite
Please will you change this glass	Voulez-vous changer ce verre, s'il vous plaît
I think there is a mistake in the bill	Je crois qu'il y a une erreur dans l'addition

Asking Directions

(In this section *vous* forms are given)

How do I get to the cathedral, please?	Pour aller à la cathédrale, s'il vous plaît?
Where is the station, please?	Où est la gare, s'il vous plaît?
Is it far from here?	C'est loin d'ici?
No, it's quite close	Non, c'est assez près d'ici
Is there a hotel near here?	Y a-t-il un hôtel près d'ici?
How long will it take to get there?	Il faut combien de temps pour y aller?
Are you walking or in a car?	Vous êtes à pied ou en voiture?
It will take twenty minutes on foot	Vous en avez pour vingt minutes à pied
Turn left at the traffic lights	Tournez à gauche aux feux
It's on your right after the library	C'est à droite après la bibliothèque
Go straight on as far as the roundabout	Continuez tout droit jusqu'au rond-point
Cross the road	Traversez la rue
Go up/Go down the street	Montez/Descendez la rue
Go along the street	Continuez le long de la rue
Follow this street till you get to the town hall	Suivez cette rue jusqu'à l'hôtel de ville/à la mairie
Take the first/second/third on the right	Prenez la première/deuxième/troisième à droite
It is a large building near the sea	C'est un grand bâtiment près de la mer
You can get there by bus/tram/metro	Vous pouvez prendre le bus/le tram/le métro
You'll have to take a taxi	Il faut prendre un taxi
It's thirty kilometres from here	C'est à trente kilomètres d'ici
Opposite the bank	En face de la banque
On the right of the cinema	A droite du cinéma
To the left of the park	A gauche du jardin public
Beside the lake	A côté du lac
Between the chemist's and the supermarket	Entre la pharmacie et le supermarché
At the end of the corridor	Au fond du couloir
It's on the ground floor	C'est au rez-de-chaussée
It's on the first floor	C'est au premier étage
It's on the second floor	C'est au deuxième étage
It's on the top floor	C'est au dernier étage
It's near to the old house with a red roof	C'est près de la vieille maison au toit rouge

TASKS: LIFESTYLE

Relationships with Family and Friends

Talk about yourself
> Je m'appelle Chris. J'ai quinze ans. Mon anniversaire est le dix-neuf mai. Je suis assez grand(e). J'ai les cheveux blonds et frisés et les yeux bleus. J'aime la musique. Mon groupe préféré s'appelle (*insert name of favourite performers*). Je suis sportif/sportive. Quand j'ai du temps libre j'aime sortir avec mes ami(e)s ou jouer au tennis. Le week-end je travaille dans un grand magasin. Je suis vendeur/vendeuse.

Talk about your family
> Mon père est homme d'affaires. Il travaille à Lichfield. Le week-end, il aime faire des randonnées et travailler dans le jardin. Mon père est sympa mais il peut être sévère. Mes parents sont divorcés et je vais chez mon père le samedi. C'est ma mère qui s'occupe de nous normalement.
>
> Ma mère est infirmière et elle travaille à l'hôpital à trois kilomètres de chez nous. Ma mère est petite. Elle est gentille et elle a toujours du temps pour moi. Le week-end elle aime faire de la natation.
>
> J'ai un frère qui s'appelle Michael. Il est plus âgé que moi. Il a vingt ans. Son anniversaire est le onze octobre. Il travaille dans un bureau dans le centre de Birmingham. Il a les cheveux bruns et les yeux gris. Il s'intéresse au rugby. Je n'aime pas beaucoup mon frère parce que je le trouve égoïste. En plus, il est paresseux et il laisse traîner ses affaires partout. Bref, il m'énerve.
>
> Ma sœur s'appelle Claire. Je m'entends très bien avec ma sœur. Elle m'aide quand j'ai des problèmes avec mes devoirs. Ma sœur a dix-huit ans. Son anniversaire est le deux juin. Elle est toujours habillée à la mode. Elle est plus petite que moi. Elle est étudiante parce qu'elle voudrait être institutrice. Elle aime lire un roman le samedi ou bien aller au cinéma - mais elle n'aime pas le sport.

Describe a friend of yours
> - J'ai une copine qui habite à côté de chez nous. Je la connais depuis dix ans. Elle s'appelle Emma. Elle est super gentille. Elle me comprend bien. Elle mesure un mètre soixante-deux. Elle est plus petite que moi. Elle aime bien écouter de la musique et nous aimons aller en ville acheter des CDs et faire du lèche-vitrines. Souvent on prépare une pizza ensemble.
>
> - J'ai un copain qui s'appelle David. Il habite tout près de chez moi. Je le connais depuis huit ans. C'est un grand garçon costaud et sportif. Il a seize ans. Nous prenons le car scolaire tous les jours et nous sortons ensemble avec d'autres amis le week-end. Nous allons à des matchs de football ou bien nous allons à la piscine. David aime jouer au cricket et écouter de la musique. Il s'intéresse au hip-hop. Il a beaucoup de CDs.

Other questions to consider
- Quelles sont les qualités importantes d'un bon ami à ton avis?
- Qu'est-ce que tu aimerais acheter si tu avais beaucoup d'argent?
- Qu'est-ce que tu vas faire avec ta famille ce weekend?
- Préfères-tu le week-end ou les jours de la semaine? Donne tes raisons.

Future Plans

Talk about plans for school, college and beyond

- Cette année j'ai des examens à passer. Si tout va bien, j'ai l'intention de faire une demande pour un apprentissage. J'aimerais être coiffeur/coiffeuse (*or insert your choice of job*). Ce travail m'intéresse, et je sais que, avec le temps, on peut travailler en indépendant. J'aimerais cela! Il y a des cours au lycée professionnel que je trouve très intéressants.

- Cette année je passe mes examens. Si tout va bien, j'ai l'intention de rester pour préparer mon bac ici. Je vais apprendre les maths, le français, le commerce et la psychologie (*or insert alternative subjects*). Ces matières m'intéressent, et je compte continuer mes études à l'université. Quand j'aurai fini mes études je choisirai une carrière.

Say where you would like to live when you are older, and why

J'aimerais habiter dans une grande ville, parce qu'il y a davantage de jeunes gens, et on n'est pas chez les parents. Le week-end on trouve beaucoup de choses à faire, et on a beaucoup d'amis. On peut tout trouver dans les magasins. Quant au travail, on peut souvent changer d'employeur sans être obligé de déménager.

Say if you would like a gap year, and give reasons

J'aimerais prendre une année sabbatique. J'aimerais faire du bénévolat dans un pays du tiers monde. On peut voyager, et apprendre à se connaître. Souvent on peut apprendre une langue, et même visiter d'autres pays. Mais il ne faut pas rester trop longtemps – on peut perdre l'habitude d'étudier. Une année suffit, à mon avis.

Describe what you would like to do when you are grown up

D'abord, je voudrais quitter le foyer et louer un appartement, probablement avec d'autres jeunes ami(e)s. Dans un appartement j'aimerais apprendre à faire la cuisine. En plus j'aimerais organiser ma chambre comme je veux. Ensuite, si j'ai assez d'argent, j'aimerais passer mon permis de conduire et peut-être acheter une petite voiture. Alors j'aurais la liberté de partir quand et où je voudrais, et de rentrer quand je veux. Mais bien sûr je garderai le contact avec mes parents, mes frères et mes sœurs.

Say if you expect to get married

Je vais probablement me marier ou vivre en couple, mais ça dépend. D'abord il faut trouver une personne sympathique, sérieuse mais pas trop sérieuse, et avec qui je pourrais vivre. Et puis il y a un moment pour tout cela. On verra. Je ne suis pas pressé(e).

Other questions to consider

- Où est-ce que tu voudrais voyager, avec qui, et pourquoi?
- Quel genre de travail aimerais-tu faire? Donne tes raisons.
- Où est-ce que tu ne voudrais pas habiter? Pourquoi pas?
- Comment est-ce que tu organiserais ta chambre idéale?

Teenage Problems

Talk about problems which make life difficult for teenagers

D'abord, on est très préoccupé par son apparence. On change de forme et de taille, et parfois il y a des manifestations désagréables, comme par exemple les boutons. Mais on peut aussi essayer de nombreux styles avec ses habits. Normalement c'est agréable de choisir ce qu'on porte, mais quelquefois il y a des conflits avec les parents. Et il y a aussi le besoin de sommeil, de dormir. Se lever tôt est simplement difficile pour les ados.

Say what pressures teenagers experience at school

Les ados se trouvent sous toutes sortes de pressions. Au collège, les profs donnent beaucoup de devoirs et ils parlent sans cesse des examens. Ce n'est pas marrant, ça!

Say what pressures teenagers experience at home

Les ados trouvent que les parents ne sont jamais satisfaits de ce qu'on fait – il faut toujours ranger sa chambre, se lever, se coucher. Beaucoup de parents ont oublié ce que c'est d'être jeune! Certains jeunes qui ont plus d'argent que les autres m'ennuient – ils aiment trop montrer ce qu'ils viennent d'acheter. Et même si un petit boulot donne de l'argent, ça fatigue aussi!

Say what social problems teenagers suffer

Il y a des problèmes de toutes sortes. D'abord, il y a beaucoup de fêtes, et les parents n'aiment pas qu'on rentre tard, ou qu'on fréquente des jeunes beaucoup plus âgés. Beaucoup de jeunes fument, mais le tabac est cher, et ce n'est pas raisonnable de fumer. L'alcool mène souvent à l'ivresse et à des actes plus ou moins stupides et même dangereux. Parfois on nous offre de la drogue, mais ça ne m'intéresse pas. Et puis il y a parfois des difficultés entre copain et copine – il y a toujours des personnes jalouses.

Talk about the problem of violence

Il faut faire attention en ville – la plupart des victimes de vols de iPod™ et de portables sont les jeunes. Souvent les auteurs de ces crimes sont d'autres jeunes inconnus, ou des toxicomanes, ou des personnes ivres. On doit prendre bien soin des objets qui sont faciles à revendre. La violence est rare, mais ça peut arriver. Il faut savoir partir à temps.

Other questions to consider

- Quels sont les avantages et les inconvénients d'un petit boulot?
- Quelles sont les choses les plus importantes dans ta vie?
- Qu'est ce que tu aimerais changer dans ta vie? Comment? Pourquoi?
- Décris une difficulté que tu as connue.
- Aimerais-tu posséder une voiture? Donne tes raisons.

Differences between the UK and France

Talk about school life

En France le collège commence plus tôt le matin et les cours durent une heure. On ne finit qu'à cinq heures (et demie) de l'après-midi et les élèves français ont beaucoup de devoirs. Quelquefois les élèves redoublent une année s'ils ont de mauvaises notes. En France on ne porte pas d'uniforme scolaire.

Talk about daily life in a family

On mange assez tard le soir en France, et on reste parfois des heures à table. On prend souvent un apéritif avant le dîner. Moi, je préfère manger plus tôt le soir et je n'aime pas rester si longtemps à table. Le dimanche midi on va souvent au restaurant avec d'autres membres de la famille.

Talk about food

Le matin on mange de la brioche ou des biscottes et on boit un grand bol de chocolat. On mange du pain, de la salade verte et du fromage chaque jour. On achète le pain deux fois par jour, et on mange plus de pain qu'en Angleterre. Il y a souvent du vin à table le soir. On ne boit pas beaucoup de vin, et les enfants boivent de l'eau.

Describe differing customs and holiday patterns

On dit «tu» à des copains mais «vous» aux professeurs, et à d'autres adultes. Les Français se donnent la main plus souvent que nous. Souvent ils se font la bise quand ils se revoient. Il y a plus de fumeurs que chez nous. Je trouve les émissions à la télé difficiles à comprendre.

Beaucoup d'enfants français passent une partie des grandes vacances dans des colonies de vacances. Les Français partent en vacances au mois de juillet ou au mois d'août. Pas mal de familles ont une résidence secondaire.

Talk about travel

Les transports en commun – surtout les trains à grande vitesse – sont meilleurs en France. Le service des bus et des tramways est excellent. Mais il faut payer pour rouler sur la plupart des autoroutes en France.

Other questions to consider

- Les repas anglais ou les repas français – lesquels préfères-tu? Pourquoi?
- Décris un Français ou une Française que tu connais.
- Est-ce que tu préférerais aller au collège en France? Donne tes raisons.
- Quelle région ou quel pays choisirais-tu pour une résidence secondaire? Pourquoi?
- Quelle région as-tu visitée en France? Décris ton séjour.

Healthy and Unhealthy Lifestyles

The essentials for a healthy lifestyle
Une bonne alimentation, de l'exercice physique, du sommeil – voilà l'essentiel pour un mode de vie équilibré.

Describe a healthy diet
Il faut surveiller son alimentation, éviter les aliments qui ont beaucoup de matières grasses, et les boissons sucrées et gazeuses. On doit rester hydraté en buvant assez d'eau par jour. Il faut faire de bons choix alimentaires, et manger cinq portions de fruits ou de légumes tous les jours. En principe, il vaut mieux ne pas manger entre les repas, mais si tu as faim tu ferais mieux de manger des fruits ou d'autres aliments sains, et d'éviter de manger trop de frites, de chips et de sucreries.

Talk about exercise
Un mode de vie sédentaire rend l'exercice physique essentiel. Moi, je marche autant que possible, et je prends l'escalier au lieu de l'ascenseur. Une demi-heure de marche par jour est accessible à presque tout le monde et faisable en toutes saisons. La marche permet de renforcer le cœur et les poumons, de contrôler l'hypertension et de réduire le stress.

Talk about the need to sleep
On a besoin de sommeil. Il faut se reposer et se coucher de bonne heure. A mon avis ceux qui restent à jouer à des jeux électroniques jusqu'à deux heures du matin se feront du mal à la longue.

Describe an unhealthy lifestyle
Il y a des gens qui pratiquent le sport chaque semaine, un mode de vie très bénéfique pour la santé. Malheureusement il y a aussi des gens qui se mettent devant l'ordinateur ou le téléviseur avec des bonbons, du chocolat, des cigarettes ou des boissons sucrées à portée de main chaque soir. Ils ne font jamais d'exercice. Tout cela nuit à la santé.

Consequences of an unhealthy lifestyle
Ces gens peu actifs risquent de subir les conséquences de leur mode de vie malsain: l'obésité, le cancer, le diabète. Le tabagisme et l'abus d'alcool mènent aux problèmes pulmonaires et aux problèmes de foie. Souvent ces gens-là meurent trop jeunes.

Other questions to consider
- Est-ce que garder la ligne a de l'importance pour toi? Pourquoi?
- Quelles résolutions concernant la santé feras-tu au nouvel an? Pourquoi?
- Quelles sont les conséquences des accidents de sport/de la route pour les jeunes?
- Est-ce que les prix du tabac et de l'alcool sont trop bas? Justifie ta réponse.

TASKS: LEISURE

Your Free Time

Say what you do in your free time at home

Après une journée au collège j'ai faim, alors je mange une tartine ou un petit gâteau et je bois de l'eau. Comme je suis fatigué(e), alors je regarde une heure la télé pour me détendre. Le soir, après mes devoirs, je regarde un DVD ou j'écoute de la musique. Le weekend j'invite parfois mes amis et nous faisons de la cuisine. Souvent nous faisons de la musique – j'aime jouer de la batterie. Quelquefois nous allons faire une promenade (en vélo), ou nous jouons au tennis.

Say what modern technology you use

De temps en temps je parle avec mes amis sur Facebook, car j'ai mon portable à moi. Naturellement j'envoie énormément d'emails et je fais des recherches et des achats sur internet. Mon téléphone portable m'est aussi très important – j'apprécie beaucoup mes textos gratuits – cinq cents par mois! Mon iPod™ est chouette – j'ai toujours de la musique!

Say what you did when you went out recently

La semaine dernière je suis sorti(e) avec mes copains/copines. Nous avons pris le bus pour aller en ville, et nous avons vu le dernier film de (*insert name*). Après le film nous avons mangé une pizza. On a bien rigolé – c'était une soirée très amusante. On est rentré(e)s en taxi – à quatre, ce n'était pas trop cher, ce qui m'a fait plaisir.

Say how you plan to spend your money in the future

Quand je serai adulte je voudrais acheter toutes sortes de choses. J'aimerais être bien habillé(e), je voudrais un appartement pour moi, et peut-être une voiture. Pendant les vacances j'ai l'intention de voyager partout dans le monde et de vivre dans des hôtels de luxe.

Say what you think about fashion and give reasons for your opinions

La mode est très importante, surtout pour les jeunes. Il y a un certain plaisir quand on essaie de s'habiller d'une façon différente. Et être chic donne confiance en soi. En revanche il est certain que beaucoup de gens dépensent trop pour leurs vêtements. Quand une majorité de l'humanité est obligée de vivre avec moins de deux euros par jour, payer un pullover à deux cent cinquante euros est difficile à comprendre.

Other questions to consider

- Y a-t-il quelque chose que tu n'aimes pas faire pendant ton temps libre? Pourquoi?
- Si tu avais beaucoup d'argent, que changerais-tu dans tes loisirs?
- A ton avis quel est ton passe-temps le plus agréable? Pourquoi?
- Quels passe-temps ne coûtent pas beaucoup, mais te plaisent?

Media

Talk about the TV you watch

Je regarde la télé presque tous les jours. Tout d'abord, c'est pour me détendre – et j'aime les émissions qui ont un peu de fantaisie. Alors normalement je regarde mon feuilleton favori, (*insert name*), pour être au courant de ce qui se passe (*Give details*). C'est très important pour moi de discuter du feuilleton le lendemain au collège. J'aime aussi les programmes de découverte de talents. On apprend beaucoup au sujet de la musique, de la danse, et du moyen de se présenter. Récemment j'ai suivi (*insert name of programme*) jusqu'au bout. J'étais très content(e)/déçu(e) quand (*insert name*) a gagné la première place.

Talk about what you don't like so much

Je regarde les actualités si mes parents sont présents. Mais je ne les trouve pas tellement intéressantes. C'est compliqué, et à mon avis, le travail des hommes et des femmes politiques en général n'est ni simple, ni amusant. Et je dois admettre que je ne comprends pas tout ce qu'ils racontent. Mais je fais un petit effort, quand même.

Et puis il y a le sport. Franchement, je trouve le sport à la télé souvent ennuyeux. Dans les tournois de foot, par exemple, quand c'est sérieux, les joueurs ont souvent peur de faire une erreur, alors il y a rarement des moments spectaculaires dans le match. Et les courses hippiques – on sait bien que certains chevaux sont plus rapides que d'autres, alors c'est nul.

Talk about music

J'aime beaucoup la musique, et j'ai toujours moyen d'écouter de la musique avec moi. Je préfère la musique hip hop (*or insert alternative*), et mon artiste favori/favorite s'appelle (*insert name*). J'ai téléchargé toutes ses chansons et je connais toutes les paroles par cœur. J'espère aller le/la voir en concert à Londres après les examens – je fais des économies pour payer les billets. Je joue de la batterie (*or insert alternative*) dans un groupe – on s'amuse bien, et nous faisons nos répétitions dans le garage. J'aime aussi écouter de la musique d'autres pays – il y a beaucoup d'artistes d'Afrique et d'Amérique du Sud qui m'intéressent. Par contre, je ne suis pas amateur de musique classique – c'est parfois difficile à comprendre, et l'ambiance d'un concert ne me dit rien.

Talk about films

Je vais au cinéma une ou deux fois par mois avec mes copains/copines. Personnellement, j'adore les films fantastiques (*or insert alternative*), surtout avec de grandes vedettes comme (*insert name*). Dernièrement j'ai vu (*insert name of film*). A mon avis, c'était excellent. J'ai trouvé les effets spéciaux particulièrement réussis. Et le script était très amusant!

J'ai l'intention d'acheter ce film en DVD pour ma collection.

Other questions to consider

- Quels films as-tu vu récemment? Lequel as-tu préféré? Donne tes raisons.
- Si tu avais le choix, qu'est-ce que tu aimerais aller voir? Pourquoi?
- Donne quelques tuyaux pour les amateurs de cinéma. Justifie ton choix.
- Qu'est-ce que tu préfères, la télé ou internet? Pourquoi?

Sport

Talk about the sports you do

Moi, j'aime faire du sport. Au collège, mon cours favori, c'est le sport. J'aime jouer en équipe, alors le foot et le hockey me plaisent beaucoup. Souvent je joue comme gardien de but – si on gagne facilement, c'est parfois ennuyeux, mais souvent il faut faire des exploits sensationnels, et ça fait bien plaisir. Pendant le week-end et les vacances je passe mon temps libre à faire du jogging, de la natation et de la musculation. Etre en forme, c'est le plus important pour moi – je suis passionné(e) de sport.

Talk about watching sport

Naturellement j'aime aussi regarder le sport. Pour le foot, il y a beaucoup de matchs à la télé, mais il faut distinguer les matchs intéressants des autres.

Le Tournoi des Six Nations (de rugby) est extrêmement passionnant, car il y a une rivalité réelle entre les équipes, et les matchs sont souvent impressionnants.

Quand j'ai de l'argent, je me paie un billet pour aller voir un match de Liverpool (*or insert alternative*), mais c'est assez cher. J'y vais avec des copains.

Talk about the pay of professional sportsmen and sportswomen

Pour les hommes, il est difficile de trouver une place dans une équipe professionnelle, mais si on réussit à faire cela, on peut gagner des sommes énormes, surtout les footballeurs. Pour les femmes, même les joueuses les plus douées ont souvent du mal à gagner leur vie. La seule exception, c'est le tennis. Ce n'est pas juste, mais ça changera peut-être un jour. Certaines personnes gagnent trop d'argent, mais souvent leur carrière est relativement courte.

Describe a sporting event you saw or took part in

Il y a deux semaines j'ai joué un match avec nos rivaux dans la ligue. Le terrain était parfait, et il y avait du soleil. Tout le monde a essayé de battre nos adversaires, mais c'était très dur. Eux aussi, ils/elles voulaient gagner la partie! Vers la fin, je croyais qu'il y aurait match nul, mais en dernière minute notre attaque a marqué un but absolument fantastique de vingt-cinq mètres. L'arbitre n'était pas convaincu d'abord, mais après avoir consulté ses collègues, il a validé le but. Alors nous avons gagné quatre à trois. Sensationnel! Notre victoire nous a donné la première position dans la ligue.

Talk about sports you would like to try in the future

J'aimerais essayer la planche à voile. J'ai l'impression que c'est assez difficile, mais le plaisir de sauter à grande vitesse sur les vagues serait considérable, je crois. Mais j'ai horreur du saut à l'élastique – d'abord je souffre de vertige, et puis le manque de contrôle me fait peur. Je ne le ferai en aucun cas!

Other questions to consider

- Que penses-tu des joueurs non-britanniques dans nos ligues? Donne tes raisons.
- Quel sport vas-tu faire la semaine prochaine?
- Est-ce que tu considères les marathons raisonnables? Pourquoi?
- Est-ce que tu penses que le sport est important dans la vie? Justifie ta réponse.

Tasks: Leisure *Shopping*

Shopping

You are having a conversation with your friend about an outing at the weekend

Say what you did on Saturday
    Samedi dernier je suis allé(e) faire un tour dans les magasins avec ma sœur et une amie. Nous aimons bien acheter des vêtements. C'est beaucoup plus agréable d'aller acheter des vêtements avec ma sœur et des amies qu'avec ma mère!

Say how you got to the shops
    Nous sommes parti(e)s de chez moi assez tôt le matin et nous avons pris l'autobus pour aller au centre-ville. Normalement c'est un trajet de vingt minutes mais samedi dernier il y avait des travaux, alors on a été obligé(e)s d'attendre longtemps aux feux rouges. Mais enfin on y est arrivé(e)s!

Say what you were each looking for
    Ma sœur, Chris, (*or change name*) voulait acheter un jean (*or change name of garment*) et nous avons eu pas mal de difficultés car elle ne trouvait pas la marque qu'elle cherchait. Mais, après avoir fouillé les rayons de trois magasins nous avons réussi à trouver son jean. Ensuite nous avons cherché une jupe pour Louise (*or change name*). Elle cherchait une jupe (*Describe the colour, style, material, etc*). Elle a vite trouvé ce qu'elle voulait et enfin j'ai pu chercher les chaussures que je voulais acheter. J'adore les chaussures à la mode (*Say what sort of shoes you bought*).

Say how you paid for you purchases
    Normalement je travaille le samedi matin. Je travaille à la caisse d'un supermarché/dans un restaurant tout près de chez moi. Je fais des économies et quand j'ai assez d'argent je vais acheter des vêtements ou des chaussures.

Say how you spent the rest of the day
    Vers midi on est allé(e)s manger (*Say where you went and what you ate and drank*) et après le déjeuner nous sommes allé(e)s au cinéma. On a vu (*name film and give your opinion of it*). Le soir nous sommes retourné(e)s chez moi et nous avons écouté de la musique. (*Talk about your favourite type of music, performers etc.*)

Other questions to consider
- Qu'est-ce qui t'intéresse à part la mode? Justifie ta réponse.
- Quel genre de film préfères-tu? Donne tes raisons.
- Quels sont les problèmes que tu as quand tu vas acheter des vêtements avec ta mère?
- Y a-t-il des magasins que tu n'aimes pas? Pourquoi?

New Technologies *Tasks: Leisure*

New Technologies

Talk about the computer technology you have

Au collège la plupart des salles de classe ont au moins un ordinateur, et souvent un ordinateur par élève. Alors les élèves savent manipuler les logiciels courants, comme Word®, Power Point® et le tableur Excel®. Faire des recherches sur le web est tout à fait normal. Et une majorité d'élèves savent comment créer un blog, manipuler et imprimer des photos, etc. A la maison beaucoup de gens possèdent des jeux électroniques. On y joue soit sur des machines spéciales comme X-Box® (*or insert alternative*), soit en ligne. Souvent on peut faire ses devoirs en ligne et même les envoyer par e-mail. Mais écrire sur ordinateur sans erreurs dans une langue étrangère, c'est assez difficile, ça. Personnellement j'ai mon propre portable, et il y a un réseau wifi® chez nous.

Talk about other digital technology you use

La technologie numérique est normale pour les jeunes. Aujourd'hui tout le monde possède un téléphone portable, et il y a des modèles qui combinent un téléphone avec un lecteur MP3/4, par exemple. Avec un téléphone portable, le moins cher est souvent d'envoyer des textos. Selon le contrat qu'on a, c'est souvent gratuit. Certains modèles permettent d'envoyer des e-mails, donc on a toujours un moyen de communiquer. Beaucoup de téléphones ont un appareil photo, alors on peut s'envoyer des photos – et les jeunes aiment beaucoup cela. Avec les appareils photo numériques on peut voir tout de suite si ses photos sont réussies, et on peut les regarder à domicile sur ordinateur ou même sur un téléviseur. Et les téléviseurs proposent un large choix d'émissions, et de moyens de les enregistrer. Quant aux DVDs – on peut acheter toutes sortes de films – même les plus récents – pour les regarder à la maison.

Describe any disadvantages of digital technology

On doit faire attention si on utilise un forum comme, par exemple, Facebook. Il est assez facile d'avoir trop d'amis. En plus, on peut parfois regretter d'afficher certains textes et certaines photos – il peut être difficile de les enlever. Dans les salons de «tchat» on n'est jamais certain d'avec qui on parle, et il ne faut jamais accepter d'aller rencontrer quelqu'un qu'on ne connaît que sur internet. Avec le téléphone portable il faut aussi faire attention – les gens qui appellent ou qui textent ne sont pas tous aimables, et on peut se faire harceler par des personnes malveillantes. Le pire, c'est que c'est une invasion de la vie privée.

Talk about the advantages of the internet

L'internet offre beaucoup de possibilités. Sur mon portable (*insert alternative if necessary*) je suis les actualités des gens célèbres, et souvent on peut trouver des chansons et des clips vidéos des vedettes (et d'autres gens moins doués). Ça peut être très amusant. J'aime aussi naviguer sur Internet en utilisant un moteur de recherche comme Google®. Je bavarde aussi avec mes copains/copines sur MSN.

Other questions to consider

- Quel appareil numérique aimerais-tu acheter? Pourquoi?
- Quels appareils as-tu utilisés pendant le week-end. Lequel as-tu aimé utiliser le plus?
- Donne quelques tuyaux aux internautes.
- Quels jeux électroniques trouves-tu bien? Pourquoi?

A Good Holiday or Day Trip

Say where you like to go and why
J'aime aller en Espagne en vacances parce qu'il fait presque toujours du soleil, il y a de belles plages, et on peut s'amuser avec d'autres jeunes, ça me plaît.

Say who you like to go with, how you travel, where you stay, and who pays
Je préfère voyager avec mes parents/mes amis. On prend le train jusqu'à l'aéroport, puis l'avion. D'habitude nous dormons dans un hôtel de catégorie moyenne. Je fais des économies, et mes parents m'aident parfois avec de l'argent.

Say what you do and don't like to do on holiday and why
J'adore nager, jouer sur la plage, me bronzer, faire du shopping, danser et faire des connaissances. Je trouve cela amusant/passionnant/intéressant. Par contre, je déteste visiter les églises et les musées des beaux-arts, manger au restaurant, aller aux spectacles et aux fêtes folkloriques. Je n'aime pas ça car c'est pénible/difficile/embêtant.

Describe a recent day out
Il y a une semaine, je suis allé(e) à Londres avec mes copains. Nous avons fait du lèche-vitrines dans un quartier chic, et j'ai acheté un pull très à la mode, mais pas cher. A midi nous avons mangé à Prêt A Manger. Après le déjeuner nous avons visité un des marchés. La journée m'a fait bien plaisir, mais l'inconvénient de visiter Londres, c'est les prix élevés.

If you had lots of money, say where you would like to visit and why
Si j'avais beaucoup d'argent, j'aimerais visiter les Etats-Unis. C'est un pays très varié, et où on peut voir des grandes villes comme New York, et des paysages spectaculaires, comme le Grand Canyon. Les habitants sont généralement gentils, et, à part le voyage, les prix sont raisonnables. Moi, j'irais en Californie (*or elsewhere*) en raison du beau temps, des vedettes de cinéma, et des villes spectaculaires.

Pendant l'hiver j'irais faire du ski en Suisse, ou au Canada.

Other questions to consider
- Qu'est-ce que tu mets toujours dans ta valise? Pourquoi?
- Qu'est-ce que tu feras pendant les vacances l'année prochaine?
- Décris un voyage désastreux que tu as fait.
- Que penses-tu du tourisme écologique?

Holidays

Where you go
Normalement je pars en vacances avec ma famille. Nous aimons surtout visiter le sud-ouest de l'Angleterre. C'est parce que mes grands-parents habitent là, mais il faut dire aussi qu'on peut se baigner dans la mer ou faire du surf.

Weather
En été il fait souvent chaud, il y a parfois beaucoup de vent. J'aime le vent surtout quand on se promène près de la mer. Il faut faire attention pour éviter les brûlures et les insolations. Alors moi, j'ai toujours un chapeau et ma crème solaire avec moi.

Family
Mes grands-parents sont très gentils, et ils nous donnent beaucoup à manger. Mon grand-père aime faire la cuisine et c'est un grand expert sur les différentes variétés de pizzas. Mes cousins viennent aussi, et c'est très amusant de camper dans le jardin chez mes grands-parents. On rigole bien!

Money and souvenirs
Pendant l'année je fais des économies pour les vacances. J'aime acheter quelques petits cadeaux pour mes ami(e)s quand je suis en vacances – par exemple des bonbons. Mais pour moi, je préfère des photos que je prends avec mon téléphone portable. Je les envoie à des copains et des copines par texto.

Transport
Pour aller dans le sud-ouest nous voyageons en train. C'est plus écologique, et nous sommes obligés de ne prendre que le minimum avec nous. Comparé avec la voiture en été, le train est plus rapide, plus confortable, plus à l'heure et on voyage en sécurité presque totale. Notre matériel de surf reste toujours chez les grands-parents.

Activities
Mon activité principale en vacances est de faire du surf. Le surf me plaît beaucoup, car j'aime la sensation de vitesse. Ça donne confiance et on est fier de soi. Je passe beaucoup de temps avec des copains sur la plage. Le soir on mange en famille, et plus tard on se promène dans le petit port ou on écoute de la musique. Après une journée sur la plage on mange beaucoup et on dort bien!

Other questions to consider
- Y a-t-il quelque chose que tu n'aimes pas faire en vacances? Pourquoi?
- Si tu avais beaucoup d'argent, que changerais-tu pour tes vacances?
- L'année prochaine, qu'est-ce que tu vas faire pendant les vacances?
- Préfères-tu partir en famille, ou avec des copains? Donne des raisons.

Tasks: Leisure   *What to see and getting around*

What to see and getting around

Role play task
You are doing work experience in a local Tourist Information Centre when a French-speaking family with teenage children arrives.
Your teacher will play the part of a member of the family.

Answer questions about:

Suitable family accommodation in your area

    Nous avons beaucoup de choix, monsieur/madame. Il y a des hôtels de luxe, par exemple celui-ci avec un grand parking, un bon restaurant, un gymnase et une piscine. Mais le prix vaut la qualité de l'établissement. Il y a aussi quelques pensions de famille, où les enfants seraient plus à l'aise, et le prix est plus modeste. Nous avons aussi des chambres d'hôte, qui ne coûtent pas cher.

Transport

    Les transports en commun sont bons dans la ville. Nous avons des bus, un tramway, et naturellement des taxis. Et on peut louer des vélos très facilement. Il y a aussi des bus qui font le circuit touristique. Il y a des réductions pour la famille.

Restaurants

    On mange bien dans la ville. Nous avons de la restauration rapide, des pizzerias, et beaucoup de restaurants chinois, thaïs, indiens, italiens, japonais et mexicains. Beaucoup de pubs se sont spécialisés dans la restauration.

Places of interest and facilities in town

    Il y a de tout – des musées classiques, des châteaux, des jardins botaniques ou zoologiques, des quartiers très variés. Nous avons deux cinémas, des théâtres, une salle de concert où on présente tous genres de musique, des espaces verts, et naturellement un excellent office de tourisme.

What you would recommend for teenagers to do and why

    Nous avons un bowling, une patinoire, une piscine ultra moderne, tous excellents pour les amateurs de sport. Pour faire du sport il n'est pas important de maîtriser la langue. Beaucoup de jeunes gens apprécient les commerces au centre-ville. On y trouve toutes sortes de musique, de gadgets et de vêtements à la mode.

Other questions to consider
- Les avantages et les inconvénients d'habiter en ville.
- Qu'est-ce que tu ferais si tu étais touriste en ville? Donne des raisons et justifie-les.
- Décris une excursion que tu as faite dans une autre ville, et donne ton opinion.
- Pose des questions au visiteur.

TASKS: HOME AND ENVIRONMENT

Your Home and Local Area

Describe your town
    J'habite Malvern qui est au centre de l'Angleterre. Malvern est une ville d'eau victorienne au pied des collines. Il y a une grande église et un jardin public. Malvern est une ville touristique, mais il y a des industries légères et une usine où on fabrique des voitures de sport.

Say what there is to do there
    Nous allons au cinéma, à la piscine, au club de tennis et au théâtre. Il y a aussi plusieurs clubs de football et un club de rugby à Malvern.

Describe your city
    J'habite Worcester, une grande ville au centre de l'Angleterre. Il y a une grande cathédrale au bord du fleuve qui s'appelle le Severn.

Say what there is to do there
    On peut visiter des jardins publics, des musées, une galerie des beaux-arts et le théâtre. Il y a aussi des cinémas, des piscines, des clubs de sport et des grands magasins.

Say what your house looks like
- J'habite une maison mitoyenne en banlieue.
- J'habite un pavillon dans un petit village.
- J'habite un appartement au centre-ville.

Ma maison est (assez) vieille/moderne. Nous avons un grand jardin derrière la maison, avec une terrasse, une pelouse, des fleurs, des arbres fruitiers, une serre et un jardin potager.

Describe your house and your room
    Il y a la salle à manger, la cuisine, la salle de séjour où nous avons un canapé, des fauteuils, une table basse, un téléviseur et un lecteur de DVD. Il y a quatre chambres dans ma maison et deux salles de bains.

    Je n'ai pas de chambre à moi, je la partage avec mon frère/ma sœur. Les murs sont blancs et les rideaux sont bleus. Dans la chambre il y a deux lits, une grande armoire, une commode, une table avec un ordinateur, deux chaises et deux fauteuils. Nous faisons les devoirs dans la chambre et après nous écoutons de la musique ou nous regardons un DVD.

Other questions to consider
- Quels sont les avantages et les inconvénients de partager une chambre?
- Est-ce que tu serais prêt(e) à quitter ta région pour trouver du travail? Donne tes raisons.
- Dans quelle région ou quelle ville aimerais-tu travailler? Justifie ta réponse.
- Qu'est-ce que tu fais à la maison pour aider tes parents?

Your House and Garden

Say where you live
- J'habite un petit village au sud de l'Angleterre.
- J'habite un petit village à l'ouest de l'Ecosse.
- J'habite un petit village au nord du Pays de Galles.
- J'habite un petit village à l'est de l'Irlande du Nord.

Mes parents sont fermiers.

Say what your home looks like
Nous habitons une ferme qui est grande et assez vieille. Derrière la maison il y a des écuries, la basse-cour, les greniers et des étables. Nous avons des vaches, des moutons, des chevaux, et, naturellement, des chiens et des chats.

Describe the house
Au rez-de-chaussée nous avons la salle de séjour, la salle à manger, la cuisine et le bureau de la ferme. La salle de séjour est grande et donne sur le jardin. Dans la salle de séjour il y a des fauteuils, un canapé, un téléviseur et un lecteur de DVD. Au premier étage il y a quatre chambres: une pour mes parents, une pour mon frère, une pour ma sœur et une pour moi. Il y a aussi deux salles de bains et les toilettes. Le garage est à côté de la maison.

Describe the garden
Il y a un grand jardin devant la maison. Dans notre jardin il y a des arbres, des fleurs, un jardin potager, une pelouse et une serre. Ma mère travaille dans le jardin potager, mon frère aide mon père avec les animaux, ma sœur soigne les chevaux et moi, je m'occupe des poules.

Describe your room
J'ai une chambre à moi. Ma chambre est assez grande. J'ai un lit, une armoire, une commode, une table avec mon ordinateur et un téléviseur. J'ai beaucoup de livres, de CDs et de DVDs. J'ai des posters de mes chanteurs favoris au mur. Quand mes ami(e)s viennent me voir, nous allons toujours dans ma chambre pour discuter, écouter de la musique ou surfer sur Internet.

Other questions to consider
- Où aimerais-tu habiter quand tu auras vingt-cinq ans? Donne tes raisons.
- Quels sont les dangers à éviter à la ferme?
- La vie est dure à la ferme – vrai ou faux? Donne tes raisons.
- Si tu étais milliardaire, où habiterais-tu? Justifie ta réponse.

City Life

Describe the city

Birmingham est la deuxième ville d'Angleterre. C'est une ville industrielle et culturelle très importante. Birmingham a un aéroport international et les gens y arrivent de tous les pays du monde.

Say what there is to do there

A Birmingham, il y a beaucoup de théâtres, de galeries d'art, de salles de concerts, trois universités, un palais des expositions très important et deux équipes de football. Au centre-ville il y a beaucoup de grands magasins et j'aime m'y promener avec mes amis.

Say why you like living in or near the city

J'aime la ville parce qu'il y a beaucoup de choses à faire: il y a des cinémas où nous voyons de bons films, nous allons danser, nous allons faire le tour des magasins et quand on a de l'argent il y a des concerts de musique pop. Si on aime faire du sport il y a une piscine, une patinoire et beaucoup de grands centres sportifs. Il y a une grande sélection de restaurants de partout dans le monde.

Describe your area

J'habite une maison mitoyenne dans un quartier calme. Le collège se trouve à deux kilomètres de chez moi et normalement j'y vais à pied. S'il pleut je peux prendre l'autobus. Il y a un petit centre commercial dans le quartier. Il y a une boulangerie, une boucherie, une pharmacie, un salon de coiffure, et une maison de la presse. Le samedi il y un marché où on peut acheter toutes sortes de fruits et de légumes. C'est merveilleux parce que moi, j'adore les fruits et les légumes.

Describe your house

Au rez-de-chaussée il y a la salle à manger, la cuisine et la salle de séjour. Au premier étage il y a trois chambres et une salle de bains. Je n'ai pas ma propre chambre, je la partage avec mon frère/ma sœur. Il/Elle m'agace parce que sa partie de la chambre est toujours dans le plus grand désordre. Nous n'avons pas de voiture car on n'a pas besoin de voiture au centre-ville. Nous prenons toujours les transports en commun. Il y a un bus toutes les dix minutes.

Other questions to consider

- Les avantages d'une société multiculturelle
- Vivre sans voiture – possible ou impossible? Pourquoi?
- Les problèmes de rentrer tard le soir dans une grande ville
- Où aimerais-tu vivre quand tu seras adulte? Donne tes raisons.

Your Area and its Environmental Problems

Describe where you live
- J'habite un petit village à la campagne.
- J'habite une ville moyenne à l'est du pays.
- J'habite une grande ville industrielle au nord du pays.
- J'habite une station balnéaire au sud du pays.
- J'habite une petite maison à la montagne.

Talk about traffic problems in your area
- Dans notre région, il n'y a pas mal de problèmes. Il y a trop de circulation, ce qui est dangereux pour les cyclistes et les piétons. Il n'y a pas assez de parkings, les véhicules polluent l'atmosphère et les transports en commun sont surchargés.
- Dans mon village, il n'y a pas de transports en commun et on doit voyager en voiture. Les gens du troisième âge qui n'ont pas de voiture sont tout à fait isolés, ce qui est bien triste.

Talk about other environmental problems you have in your area
Les gens ne respectent pas l'environnement. Par exemple, ils laissent des déchets dans la rue. On voit des papiers, du chewing-gum et des mégots partout. Après les matchs de football il y des bouteilles en plastique et des canettes en aluminium sur le trottoir. On voit des graffiti aux murs. Dans les jardins publics et sur les trottoirs il y a des crottes de chiens. C'est dégoûtant!

Offer some ideas as to how this situation could be improved
- Pour améliorer les problèmes de circulation on pourrait faire construire un tramway, et aussi des pistes cyclables.
- On pourrait laisser la voiture à la maison et prendre l'autobus ou le train.
- On pourrait encourager les gens à aller à pied.

Say that it will not be easy
A mon avis il ne sera pas facile de trouver une solution au problème des déchets. Il faut que les gens changent leurs idées. Ils doivent apprendre à mettre les déchets à la poubelle. On doit enlever les graffiti et les gens devraient eux-mêmes ramasser les crottes de leurs propres chiens.

Other questions to consider
- Quelle est l'importance de respecter l'environnement? Justifie ta réponse.
- Comment peut-on diminuer son empreinte écologique?
- Quels problèmes te concernent le plus – et pourquoi?
- Que changerais-tu dans ta vie pour protéger l'environnement? Pourquoi?

See also page 30

Being Environmentally Friendly

Say that everyone must be involved

Tout le monde doit accepter de changer son mode de vie si c'est nécessaire. Il est important de bien comprendre les problèmes qui existent: la pollution, l'effet de serre, le changement climatique, la sécheresse, et les inondations.

Say how you and your family try to be environmentally friendly

Nous choisissons des produits qui ne nuisent pas à l'environnement, nous achetons des produits sains et peu polluants. Nous faisons le tri de tous nos déchets. Nous avons une poubelle particulière pour le papier et les emballages en carton, une autre pour les bouteilles en plastique, les canettes, les aérosols, et bien sûr un bac pour le verre recyclable. Nous pensons à prendre un sac en coton pour les achats et nous refusons des sacs en plastique au supermarché. Il faut conserver l'eau donc nous fermons le robinet en nous lavant les dents et nous ne mettons que l'eau nécessaire dans la bouilloire. Nous éteignons les lumières en quittant la pièce pour économiser de l'électricité.

Say what environmentally positive thing you did last weekend

Pendant le week-end nous sommes allés au centre de recyclage jeter du verre dans le conteneur. Nous avons travaillé dans le potager et nous avons composté les déchets verts. Il faisait beau, et on a beaucoup profité d'être en plein air.

Offer some suggestions for improvement

On pourrait mieux faire si on supprimait la fonction veille sur le téléviseur, ou si on prenait une douche au lieu de prendre un bain. Il serait bien si on baissait la température du chauffage central. On pourrait mettre un pullover quand il fait froid. On devrait aller à pied au collège ou au bureau si possible.

Say what things you will do when you are an adult

Quand je serai adulte, je devrai bien sûr utiliser des ampoules à basse énergie et je vais peut-être installer des capteurs solaires thermiques. Naturellement je vais bien isoler la maison. En plus je vais peut-être acheter une voiture électrique si ces voitures deviennent moins chères.

Other questions to consider

- L'effet de serre – vérité ou mythe? Explique ton point de vue.
- Qu'est-ce qu'on pourrait faire au collège pour aider l'environnement?
- Quelle énergie renouvelable est la meilleure? Pourquoi?
- Est-ce que les véhicules électriques justifient leur prix élevé?

Special Occasions – Home and Family

Describe your last birthday celebration with your family
Le jour de mon anniversaire, le (*insert date*) je suis allé(e) avec ma famille au restaurant et après le repas nous sommes allés au cinéma. C'était une soirée chouette, j'ai choisi mon repas favori. J'ai mangé (*say what you ate*) et j'ai bu (*say what you drank*). Le film était formidable. C'était (*insert name of film you saw*). J'adore les films de (*insert type of film you like*).

Say how you celebrated with your friends
Samedi soir, après mon anniversaire, j'ai invité tous mes copains et mes copines. Nous étions (*insert number*) personnes et nous avons dansé, et nous avons fait la fête jusqu'à (*insert time*) heures. Tout le monde s'est bien amusé. Moi, j'ai porté (*say what you wore*). C'était une soirée inoubliable!

Say what presents you received
Le jour de mon anniversaire j'ai reçu beaucoup de cadeaux et de cartes. Mes parents m'ont offert (*insert what they gave you*). J'étais très heureux/heureuse parce que c'était très à la mode. Mes grands-parents m'ont offert de l'argent et je vais acheter des vêtements/des jeux électroniques.

Say which was your favourite present and why
Mon cadeau favori était (*name the present*) parce que c'était exactement ce qu'il me fallait. Je l'ai reçu de mes grand-parents. C'est évident qu'ils me connaissent très bien.

Talk about buying presents for your family and friends
J'aime acheter des cadeaux pour mes copains parce que je sais ce qui leur plaira. Acheter pour mes parents – c'est plus difficile. Ma mère, ça va, parce qu'elle aime bien les parfums. Pour mon père – je dois demander à ma mère de me donner des idées. Ma grand-mère lit beaucoup, donc je lui offre un livre. Mon grand-père se passionne pour les voitures et ma grand-mère me dit quel livre sur les automobiles lui acheter. C'est plus simple comme ça!

Other questions to consider
- Comment voudrais-tu fêter ton anniversaire quand tu auras dix-huit ans?
- Si tu avais gagné le gros lot, qu'est-ce que tu achèterais comme cadeaux pour ta famille?
- Quel était le pire cadeau que tu as reçu? Pourquoi?
- Décris Noël (ou une autre fête) chez toi. Donne ton opinion, et justifie-la.

TASKS: WORK AND EDUCATION

Routines at School

Say what you do every morning

Je me lève à sept heures et quart, je me lave, je m'habille, et je prends le petit déjeuner. (*Say what you eat and drink*) Je quitte la maison à huit heures et quart quand mes ami(e)s arrivent et nous allons au collège à pied.

Talk about a day at school

Les cours commencent à neuf heures et nous avons trois cours le matin. A midi et demi après les cours nous mangeons à la cantine. Je mange des sandwiches et une pomme. Après le déjeuner, je discute avec mes amis. On rigole bien. L'après-midi nous avons trois cours et l'école finit à quatre heures moins le quart. Normalement j'arrive chez moi à quatre heures dix.

Say which clubs you attend, which you prefer and why

Le jeudi je joue au football/au hockey. Je suis très sportif/sportive et j'aime bien me détendre en plein air. Le mardi, je fais partie de l'orchestre du collège. Je joue du violon. J'aime bien la musique classique. Je fais partie de la fanfare du collège, et je joue de la trompette. J'adore le jazz. La musique est très importante pour moi. Le mercredi, je joue aux échecs avec mes copains ou mes copines du club d'échecs.

Describe the building and say where it is

Mon collège est situé près du centre sportif. C'est un grand bâtiment moderne en briques. Il y a beaucoup de salles de classe, de laboratoires, de salles d'informatique, d'ateliers, de terrains de football, de rugby et de hockey, mais malheureusement pas de piscine. Le groupe scolaire est assez grand, car nous sommes mille élèves et quatre-vingts professeurs.

Talk about your school uniform and what you think of it

Nous sommes obligés de porter l'uniforme scolaire. Les filles portent une jupe bleu marine ou un pantalon, une chemise blanche, un pullover bleu marine et des chaussures noires. Les garçons portent un pantalon noir, une chemise blanche, un pullover bleu marine, une cravate rayée, des chaussettes grises et des chaussures noires. J'aime porter l'uniforme parce que c'est pratique. Je n'aime pas l'uniforme, parce que les couleurs sont tristes.

Other questions to consider

- Qu'est-ce que tu as fait hier matin avant de venir au collège?
- Qu'est-ce qui t'agace au collège? Pourquoi?
- Qu'est-ce que tu feras pendant le week-end prochain?
- Quel sport préfères-tu au collège? Donne tes raisons.

School Life in the UK

You are discussing school life in the UK with a visitor who is on exchange with your school

Say which subjects you take

Je fais de l'anglais, des maths, de l'informatique, des sciences, du français, de l'allemand, du dessin, de l'histoire, de la géographie et de la technologie. L'anglais, les maths, les sciences et l'informatique sont obligatoires. Dans mon collège presque tout le monde étudie une langue étrangère, et soit l'histoire, soit la géographie.

Name three subjects you like and say why

Ma matière préférée est le français parce que c'est intéressant et j'ai de bonnes notes. Je suis fort(e) en anglais parce que j'aime bien lire des romans et le professeur est sympa. J'aime le dessin car j'adore dessiner et peindre. J'aime bien le mardi au collège parce que j'ai des cours de dessin, de français, d'anglais et d'éducation physique.

Name two subjects you dislike and say why

Je n'aime pas la chimie parce que je la trouve difficile. Je suis nul(le) en physique. Je n'y comprends rien. Je déteste le lundi au collège parce que j'ai des cours de physique et de chimie.

Talk about the sports you like

Je suis sportif/sportive et je fais partie de l'équipe de hockey/rugby au collège. On a des matchs tous les samedis. Dimanche je suis allé(e) au club de tennis car j'aime jouer au tennis avec mes copains.

Say what you don't like about school and why

Je n'aime pas porter l'uniforme scolaire, je préférerais porter un jean et un pullover. Je n'aime pas faire les devoirs. Les profs nous en donnent trop et je n'ai pas le temps de communiquer avec mes copains sur MSN. Je trouve qu'il y a trop de règlements qui m'agacent.

Other questions to consider

- Lequel préfères-tu? – le système britannique ou le système en France? – Pourquoi?
- A ton avis, quelles sont les matières les plus utiles? Donne tes raisons.
- Qu'est-ce que tu as fait hier soir?
- Quelles matières vas-tu choisir pour l'année prochaine? Justifie ton choix.

See also page 32

Your Plans for Next Year

Say what you will be doing after the exams
> Après les examens je travaillerai pendant un mois pour gagner de l'argent, et ensuite je partirai passer trois semaines en vacances en Espagne avec mes amis.

Say what you hope to do next year
> Je crois que je reviendrai au collège l'année prochaine mais cela dépendra de mes résultats! Si tout va bien je préparerai mon bac. Je voudrais étudier le français, les maths et le dessin.

Say what you hope to do after A levels
> - Je voudrais prendre une année sabbatique car j'aimerais visiter d'autres pays ou travailler à l'étranger.
>
> - Je ferai du volontariat dans un pays du tiers monde et ensuite j'espère aller à l'université préparer ma licence.

Say that you will be leaving school after the exams
> - Je vais quitter l'école après les examens et je vais m'inscrire au lycée car je préfèrerais préparer un bac professionnel.
>
> - Je vais commencer à travailler dans le bureau de mon père/de ma mère pendant deux ans et après cela je voudrais faire un apprentissage. Je serai apprenti(e) dans un atelier de construction mécanique.

Say what careers you have considered
> - Quand j'avais treize ans je voulais être infirmière car je regardais beaucoup de feuilletons médicaux à la télévision. Ma prochaine idée était de devenir vétérinaire car j'adore les animaux.
>
> - Quand j'avais quatorze ans je voulais m'engager dans l'armée, et ensuite je pensais devenir pilote car je voulais voyager.

Talk about your eventual career choice, giving reasons
> - Maintenant je crois que je voudrais travailler en indépendant car j'aimerais organiser mon propre travail moi-même.
>
> - Je voudrais travailler dans le tourisme car je m'intéresse beaucoup aux autres pays du monde et je voudrais un travail qui me permettrait de voyager.
>
> - J'aimerais travailler dans la restauration car j'aime bien cuisiner et je voudrais devenir chef de cuisine.
>
> - Je voudrais être instituteur/institutrice car j'aime m'occuper des enfants.
>
> - Je voudrais être coiffeur/coiffeuse, car la mode m'intéresse beaucoup.

Other questions to consider
- Y a-t-il une profession que tu ne choisirais pas – et pourquoi?
- Quels sont les aspects à considérer quand on choisit une profession?
- A ton avis quel est l'aspect le plus important quand on choisit une profession?
- Aimerais-tu travailler à l'étranger? Pourquoi?

Your Part-time Job

You are being interviewed on local radio

Say where you work and where it is
- Actuellement, je travaille au supermarché au centre-ville.
- Je travaille dans une entreprise de la zone industrielle.
- J'ai un poste à la jardinerie à cinq kilomètres de chez moi.
- J'ai un petit boulot dans un restaurant de la zone commerciale.

Say what time you leave home and how you get to work
Je me lève à sept heures moins le quart, je mets l'uniforme de l'entreprise et je prends le petit déjeuner. (*Say what you eat and drink*)
- Je quitte la maison à huit heures et j'y vais à pied.
- Je quitte la maison à huit heures dix et j'y vais en autobus.
- Je quitte la maison à huit heures moins cinq et j'y vais à vélo.
- Je quitte la maison à neuf heures moins dix car ma mère m'y conduit en voiture.

Say the hours you work and how you find it
Je travaille huit heures le samedi. C'est beaucoup plus long qu'une journée à l'école et je suis fatigué(e) le soir. Je travaille deux heures le dimanche, ce qui est difficile car j'aimerais faire la grasse matinée. Je travaille deux heures le soir ce qui est difficile en hiver quand il fait noir et froid.

Say what sort of job you do and what you wear
- Je travaille à la caisse, je stocke les rayons, j'aide les clients à remplir les sacs et les mettre dans les chariots. Je porte les paquets jusqu'aux voitures des clients.
- Je porte l'uniforme de l'entreprise où je travaille.
- A la jardinerie j'ai besoin d'un bon gilet matelassé en hiver car il fait froid dehors! Je porte les achats jusqu'aux voitures des clients et vers la fin de la journée je range les chariots.
- Au restaurant je travaille dans la cuisine où je remplis le lave-vaisselle ou bien je prépare des sandwiches.

Describe what you did last Saturday at work
Samedi dernier je suis arrivé(e) à huit heures du matin. J'ai travaillé une heure et demie à la caisse, et ensuite j'ai stocké les rayons. Après avoir bu une tasse de thé j'ai préparé des sandwiches pour les collègues. L'après-midi j'ai rempli le lave-vaisselle dans la cuisine et ensuite j'ai travaillé à la caisse encore une fois. Je suis rentré(e) en autobus à cinq heures.

Other questions to consider
- Comment sont tes collègues? As-tu un collègue préféré/une collègue préférée?
- Quels sont les avantages et les inconvénients de ce boulot, à ton avis?
- Qu'est-ce que tu vas faire avec l'argent que tu as gagné? Donne des raisons.
- Préfères-tu le collège ou ton travail? Pourquoi?

See also page 34

Work Experience

Say when and where you did your work experience
- Il y a un mois j'ai fait une semaine de stage dans un bureau au centre-ville.
- Le trimestre dernier j'ai fait un stage d'une semaine chez un garagiste dans la ville voisine.

Say what you did before work and what you wore
- Le matin je me suis levé(e) à sept heures, j'ai pris une douche et je me suis habillé(e). J'ai mis une jupe grise et un chemisier blanc/J'ai mis un pantalon gris et une chemise blanche. J'ai bu une tasse de thé avant d'aller au bureau en autobus.
- Le matin je me suis levé(e) à sept heures, j'ai pris une douche et ensuite je me suis habillé(e) en jean et pullover. J'étais content(e) de passer une semaine au garage car j'adore les voitures et les motos. Je suis sorti(e) de la maison à sept heures et demie et je suis allé(e) au garage à vélo.

Say what you did at work
- Au bureau j'ai préparé du café pour les collègues. Puis je me suis occupé(e) du courrier avec la secrétaire. Après cela j'ai dû classer des documents.
- Au garage, j'ai préparé du thé pour les mécaniciens. Ensuite j'ai observé un des mécaniciens qui réparait une moto. Plus tard j'ai nettoyé des voitures à vendre.

Say what you did during your lunch hour
- A midi et demi je suis allé(e) manger en ville avec un(e) ami(e) qui faisait un stage à la banque.
- Je suis allé(e) manger avec un copain/une copine qui faisait un stage au supermarché, mais une heure passe vite.
- J'ai mangé (*say what you at*e) et j'ai bu (*say what you drank*).

Give your opinion of a day at work
- Une journée au bureau n'est pas formidable. Les collègues étaient gentils mais le travail était routinier et pas très intéressant pour moi.
- Une journée au garage est plus longue qu'une journée au collège. Le travail était dur et sale et il faisait froid au garage!

Other questions to consider
- Les avantages et les inconvénients que tu as découverts pendant la semaine
- Quel genre de travail aimerais-tu faire – et pourquoi?
- Où est-ce que tu aimerais travailler? Donne tes raisons.
- Est-ce qu'il y a une carrière que tu n'aimerais pas suivre? Explique ton point de vue.

A Job Interview

Give your personal details
Je m'appelle (*insert name*) et j'ai quinze/seize ans. La date de mon anniversaire est le (*insert date of birthday*) et je suis né(e) en (*insert year*). J'habite (*say where you live*) Mon adresse électronique est …

Talk about your school career
Depuis cinq ans je suis élève à (*insert name of school*) et maintenant je prépare des GCSE en anglais, mathématiques, informatique, chimie, physique, biologie, français, histoire, technologie et électronique.

Talk about your interests outside school
Je suis sportif/sportive et je fais partie de l'équipe de football/de hockey du collège. Je fais de la natation. D'autres centres d'intérêt pour moi sont la musique (je joue de la batterie/de la guitare), internet, les films et la lecture.

Talk about your Saturday job or other experience
J'ai fait un stage dans l'entreprise d'un programmeur et j'ai trouvé le travail (*insert your opinion of the work and give reasons*.) Actuellement je travaille le samedi à la jardinerie où je dois servir les clients, et m'occuper des plantes et des arbres qu'on vend. J'y travaille depuis un an, et je trouve que le travail est (*insert your opinion of the work and give reasons*)

Tell the interviewer where you saw the advert for the job and why you decided to apply
J'ai vu votre annonce sur votre site-web/dans le journal du (*insert date of newspaper*). Je suis allé(e) au Pôle d'Emploi. J'ai décidé de poser ma candidature parce que ce que vous m'avez dit m'intéresse beaucoup car j'aime ce genre de travail, où on peut discuter avec d'autres personnes. Et franchement je voudrais gagner de l'argent pour partir en vacances.

Tell the interviewer why you think you'd be good for the job
Je pense que je suis travailleur/travailleuse. Je suis honnête, patient(e) et poli(e). J'arrive toujours à l'heure et je suis bien organisé(e). Je suis en bonne forme, assez fort(e) et je suis habitué(e) à ce genre de travail. Je suis à l'aise avec les ordinateurs et je voudrais en savoir plus. Je m'intéresse à ce genre de travail et je suis motivé(e).

Other questions to consider
- La satisfaction au travail – c'est plus important que l'argent? Pourquoi? Pourquoi pas?
- Quel genre de travail te donnerait satisfaction? Donne tes raisons.
- Quels sont les avantages et les inconvénients de travailler en indépendant?
- Aimerais-tu porter l'uniforme de l'entreprise? Justifie ta réponse.

IMPROVING YOUR LANGUAGE

When?

afterwards, then	ensuite
all morning	toute la matinée
always	toujours
as soon as possible	aussitôt que possible
at five o'clock	à cinq heures
at last	enfin
at the end of the day	à la fin de la journée
at the weekend	le week-end
during the morning/weekend	le matin/le week-end
during the summer holidays	pendant les grandes vacances
early	tôt
every day	chaque jour/tous les jours
every Monday morning	le lundi matin
every week	chaque semaine/toutes les semaines
for a long time	longtemps
for three hours	pendant trois heures
from time to time, occasionally	de temps en temps
immediately after the picnic	tout de suite après le pique-nique
in spring	au printemps
in summer/autumn/winter	en été/en automne/en hiver
in the morning/afternoon/evening	le matin/l'après-midi/le soir
late (not on time)	en retard
late (not early)	tard
never	ne ... jamais
now	maintenant
often	souvent
on Saturday morning	samedi matin
sometimes	quelquefois
soon	bientôt
then	puis/alors
this morning	ce matin
this summer/winter	cet été/cet hiver
today	aujourd'hui
usually	d'habitude

Phrases for talking about the past

a few weeks ago	il y a quelques semaines
a week/month/two years ago	il y a une semaine/un mois/deux ans
an hour ago	il y a une heure
at that moment	à ce moment-là

Improving Your Language   *Phrases for talking about the future*

half an hour later	une demi-heure plus tard
It was Christmas Eve	C'était la veille de Noël
It was December 1st	C'était le premier décembre
last night	hier soir
last Saturday	samedi dernier
last week/last year	la semaine dernière/l'année dernière
last winter/last summer	l'hiver dernier/l'été dernier
later than usual	plus tard que d'habitude
some time later/after some time	après un certain temps
that morning/that afternoon/that evening	ce matin-là/cet après-midi-là/ce soir-là
the day before yesterday	avant-hier
the next day	le lendemain
towards the end of August	vers la fin août
towards the end of the week	vers la fin de la semaine
two days later	deux jours plus tard
yesterday	hier
yesterday morning/afternoon/evening	hier matin/hier après-midi/hier soir

Phrases for talking about the future

earlier/later than usual	plus tôt/plus tard que d'habitude
immediately/at once	immédiatement/tout de suite
in three days' time	dans trois jours
in a week's time/in a fortnight	d'ici huit jours/d'ici une quinzaine
next week/next year	la semaine prochaine/l'année prochaine
next winter	l'hiver prochain
next Sunday	dimanche prochain
this time next week	dans huit jours/d'ici huit jours
tomorrow/the day after tomorrow	demain/après-demain
tomorrow morning/afternoon/evening	demain matin/demain après-midi/demain soir
two hours from now	dans deux heures

How did you do that?

as quickly as possible	aussi vite que possible
at top speed	à toute vitesse
by chance	par hasard
carefully	soigneusement
for the first/last time	pour la première/dernière fois
fortunately, luckily	heureusement
gladly	volontiers
gradually	petit à petit/peu à peu
in a good/bad temper	de bonne/mauvaise humeur
in this way	de cette façon/ainsi
politely	poliment

quickly	rapidement/vite
slowly	lentement
suddenly	soudain
unfortunately	malheureusement
when everything was ready …	quand tout était prêt …
without hesitation	sans hésiter
without saying a word/without speaking	sans mot dire/sans rien dire
without wasting any time	sans perdre de temps

Where?

100 metres away	à cent mètres d'ici
above, over	au-dessus de
at the crossroads/traffic lights	au carrefour/aux feux
at the seaside	au bord de la mer
behind the house	derrière la maison
between the trees	entre les arbres
here	ici
in	dans
in front of the cinema	devant le cinéma
in the country	à la campagne
in the middle of the town	au centre de la ville
in the mountains	à la montagne
in the woods	dans le bois
near my home	près de chez moi
nearby	tout près/près d'ici
next to the bank	à côté de la banque
on	sur
on the balcony	sur le balcon/au balcon
on the ground floor	au rez-de-chaussée
on the first floor	au premier étage
on the top floor	au dernier étage
on the horizon	à l'horizon
on the left/on the right	à gauche/à droite
opposite the station	en face de la gare
over there	par là
ten minutes away	à dix minutes d'ici
there	là
this way/that way	par ici/par là
to/in the east	à l'est
to/in the north	au nord
to/in the south	au sud
to/in the west	à l'ouest
under	sous, au-dessous de

What did we have to eat and drink?

I drank a cup of coffee	J'ai bu une tasse de café
I had a glass of lemonade	J'ai pris un verre de limonade
I had a vanilla ice cream	J'ai mangé une glace à la vanille
I chose a ham sandwich	J'ai choisi un sandwich au jambon
I bought some cheese, some tomatoes, some apples and a packet of crisps	J'ai acheté du fromage, des tomates, des pommes et un paquet de chips
I ordered roast chicken	J'ai commandé le poulet rôti
We went to a restaurant because it was my birthday	Nous sommes allé(e)s au restaurant parce que c'était mon anniversaire
We decided to have a picnic	Nous avons décidé de faire un pique-nique
We ordered two Oranginas®	Nous avons commandé deux Oranginas®

Sequences

a few minutes later	quelques minutes plus tard
a little later	un peu plus tard
After arriving in Dover …	Une fois arrivé(e)(s) à Douvres …
after doing that	après avoir fait cela
after that	ensuite/après cela
as arranged	comme prévu
at first	d'abord/au début/pour commencer
at half past one	à une heure et demie
at last	enfin
during the morning/afternoon/evening	au cours de la matinée/de l'après-midi/de la soirée
during the night	pendant la nuit
finally	à la fin, finalement
firstly	premièrement
later that day/evening	plus tard dans la journée/soirée
on the first part of the journey	au début/au commencement du voyage
on the first/last day of the holiday	le premier/dernier jour des vacances
on the last part of the journey	à la fin du voyage
secondly	deuxièmement
the next day/the next morning	le lendemain/le lendemain matin
then	puis/alors

Conclusions

at the end of the day/outing/show	à la fin de la journée/de l'excursion/du spectacle
at last/finally	enfin/à la fin/finalement
in spite of everything …	Malgré tout …
We arrived home tired but happy	Nous sommes arrivé(e)s à la maison, fatigué(e)s mais heureux/heureuses
We had had a good time	Nous nous étions bien amusé(e)s/On s'était bien amusé

Using different tenses

Perfect tense (completed action)

Yesterday	Hier
I started my homework	J'ai commencé mes devoirs
I watched a DVD	J'ai regardé un DVD
I finished my homework	J'ai fini mes devoirs
I drank a cup of tea	J'ai bu une tasse de thé
I ate an ice cream	J'ai mangé une glace
I wore jeans and a sweater	J'ai porté un jean et un pullover
I answered my emails	J'ai répondu à mes e-mails
I got a good mark	J'ai eu une bonne note
I had to work hard	J'ai dû travailler dur
I went skiing	J'ai fait du ski
I put on my red jumper	J'ai mis mon pullover rouge
I went by bus	J'ai pris l'autobus
I gave my father a present	J'ai offert un cadeau à mon père
I got a text from my brother	J'ai reçu un texto de mon frère
I wanted to go out but I had too much work	J'ai voulu sortir mais j'ai eu trop de travail
I saw an elephant	J'ai vu un éléphant
I went to the cinema	Je suis allé(e) au cinéma
I came home late	Je suis rentré(e) tard
I came to school on foot	Je suis venu(e) au collège à pied
I left home early	Je suis sorti(e) de la maison de bonne heure
I got up at 7.00 am	Je me suis levé(e) à 7 heures
I got dressed	Je me suis habillé(e)
I did my hair	Je me suis coiffé(e)
I went to bed early	Je me suis couché(e) de bonne heure

Imperfect tense (regular action)

On Sundays	Le dimanche
I (regularly) watched DVDs	Je regardais des DVDs
I (regularly) finished my homework	Je finissais mes devoirs
I (regularly) answered my emails	Je répondais à mes e-mails
I (regularly) wore school uniform	Je portais l'uniforme scolaire
I (regularly) bought some magazines	J'achetais des revues
I (regularly) had to work hard	Je devais travailler dur
I (regularly) got up at late	Je me levais tard
I (regularly) got dressed	Je m'habillais
I (regularly) did my hair	Je me coiffais
I (regularly) went to bed early	Je me couchais de bonne heure
It was nice/bad weather	Il faisait beau/mauvais
It was hot/cold	Il faisait chaud/froid
It was raining	Il pleuvait

Improving Your Language — Using different tenses

I used to go to the cinema .... J'allais au cinéma
I used to go skiing .... Je faisais du ski
I used to eat chocolate .... Je mangeais du chocolat
I used to put on my favourite jumper .... Je mettais mon pullover favori
I used to go by bus .... Je prenais l'autobus
I used to come home late .... Je rentrais tard
I used to go out early .... Je sortais de bonne heure
I always wanted to go out with my friends .... Je voulais toujours sortir avec mes amis
I often used to see them .... Je les voyais souvent

Future tense (with aller)
Tomorrow — **Demain**
I am going to watch a DVD .... Je vais regarder un DVD
I am going to buy some jeans .... Je vais acheter un jean
I'm going to put on my red jumper .... Je vais mettre mon pullover rouge
I'm going to the cinema .... Je vais aller au cinéma
I'm going to walk to school .... Je vais aller au collège à pied
I'm going to eat a strawberry ice cream .... Je vais manger une glace à la fraise
I shall get dressed .... Je vais m'habiller
I'm going to do my hair .... Je vais me coiffer
I'm going to bed early .... Je vais me coucher de bonne heure

Future tense (with future tense of verb)
I'll get up at 7.00am .... Je me lèverai à 7 heures
I'll leave home early .... Je quitterai la maison de bonne heure
I will have to work hard .... Je devrai travailler dur
I'll go skiing .... Je ferai du ski
I will finish my homework .... Je finirai mes devoirs
I'll give my father a present .... J'offrirai un cadeau à mon père
I'll wear school uniform .... Je porterai l'uniforme scolaire
I'll receive the parcel .... Je recevrai le paquet
I'll be late home this evening .... Je rentrerai tard ce soir
I'll answer my emails .... Je répondrai à mes e-mails
I'll see him tomorrow .... Je le verrai demain

Conditionals (if + imperfect, consequence + conditional)
If I were rich I would go to Australia .... Si j'étais riche j'irais en Australie
If I were rich I would buy lots of clothes .... Si j'étais riche j'achèterais beaucoup de vêtements
If I were rich I would go skiing every winter ...... Si j'étais riche je ferais du ski chaque hiver
If I were rich I would like to go to Paris .... Si j'étais riche je voudrais visiter Paris

Other verb constructions
I **have been here** for three years .... Je **suis** ici depuis trois ans
I **have been** looking for my pen for 2 days ..... Voilà deux jours que je **cherche** mon stylo
I **have just** arrived .... Je **viens** d'arriver

TOPIC INDEX

accommodation, holiday............................25
activities in city/town 26, 28
amounts and quantities 9
at home in the evening.............................7
being a grown-up....................................14
café 10
career choice...34
celebrations, birthday, with family/friends....31
city/town..26
compare UK and France 16
conclusions..41
conditional tense....................................43
customs...16
day out, day trip.....................................23
describing things, people, self 4, 13
difficulties..4
directions...12
discussing a show 8
eating and drinking 10, 41
energy saving: environmentally friendly 30
environmental problems 29
evening out 18, 21
exercise...17
facilities in town 25
family...13, 24
fashion...18
films...19
France: family life, food, holiday patterns.....16
free time 18, 37
free time at home 18
friends and family..................................13
future: phrases 39
future plans 14, 18, 34
future tense 43
gap year 14
garden 27
getting married 14
healthy/unhealthy lifestyle.....................17
holidays: activities, weather 24
holidays: likes, dislikes..........................23
home and environment 26
house..26, 27, 28
how, when, where.....................39, 38, 40
imperfect tense 42
internet advantages 22
job interview, job advert.........................37
justifications 1
leaving school 34
leisure 18
likes, dislikes and reasons 1
living in the city.....................................28
local area.....................................26, 28, 29
lunch time at work 36
media 19
modern technology 18, 22
money and souvenirs 24

morning routine 32, 36
music 19
neutral comments 2
opinions 1
part-time job 7, 35
past: phrases 38
paying for shopping 8, 21
perfect tense...42
personal details...............................4, 37
places of interest..................................25
plans after exams 34
pocket money 7
presents received 31
presents, souvenirs, buying presents 9, 31
pressure at home 15
professional sport pay..........................20
questions..3
relationships with family and friends 13
restaurant 11, 25
room (own)....................................26, 27
Saturday job..............................7, 35, 37
Saturday shopping 21
school 6
school building.....................................32
school, college and beyond 14
school in France 16
school in the UK...................................33
school: likes, dislikes, sports................33
school: routines, day, clubs, uniform 32
school pressures..................................15
sequences..41
shopping, shopping problems..........8, 9, 10, 21
sleep...17
special occasions – home and family 31
sport, sports to try................................20
sporting event, watching sport 20
talking about family..............................13
technologies: computer, digital 18, 22
teenagers' activities 25
teenage problems 15
traffic problems 29
transport: holidays 24
transport: local, to town, to work 21, 25, 35
travel...16
travel preferences 23
TV – likes, dislikes...............................19
using different tenses...........................42
verb constructions 43
violence 15
weekend environmental activities 30
what to see, getting around..................25
where to live 14, 26, 27, 28
work experience 7, 36
work: clothing, hours, travel, where.........35, 36

44